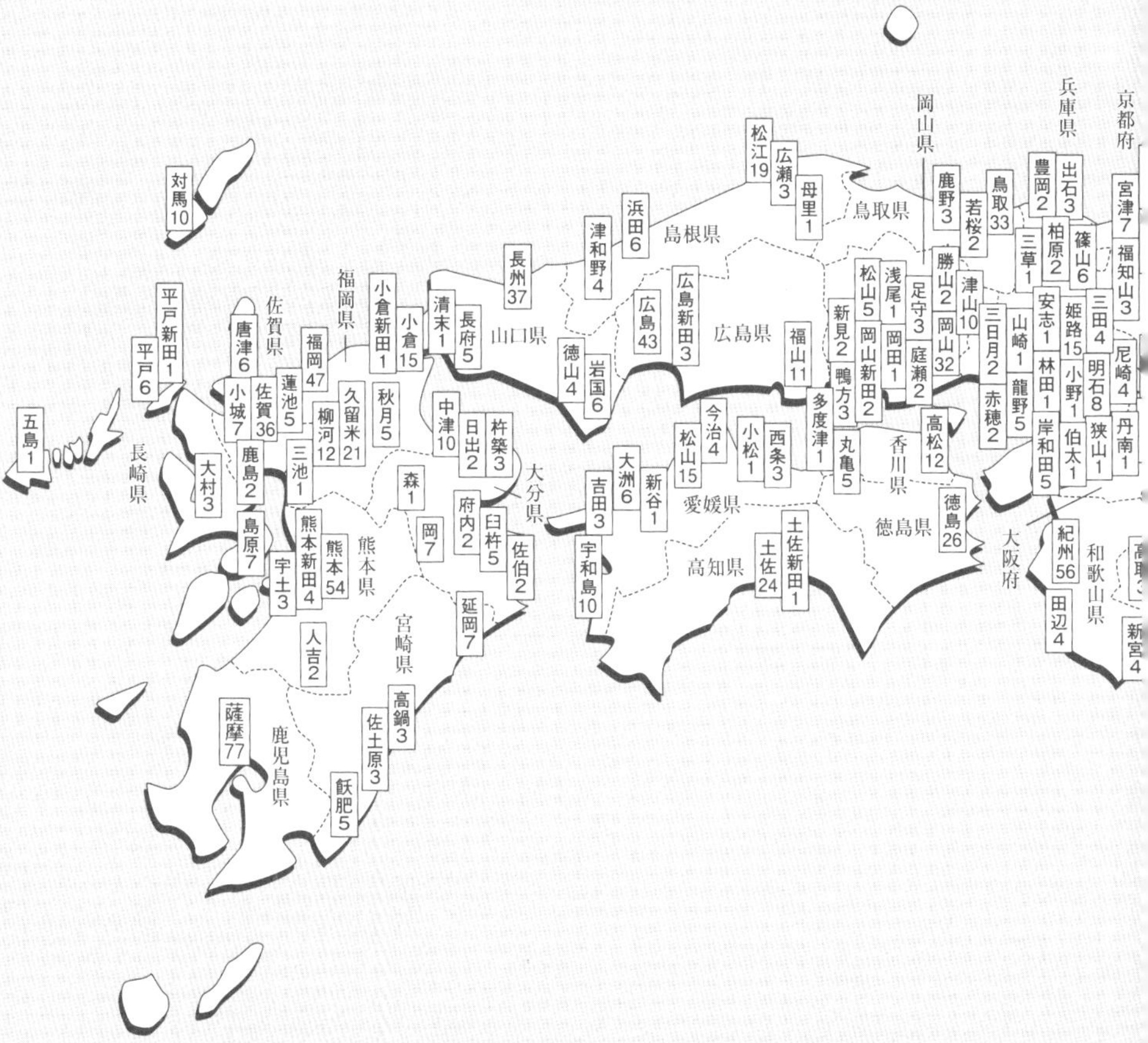

京都府
兵庫県
岡山県
鳥取県
島根県
広島県
山口県
福岡県
佐賀県
長崎県
熊本県
大分県
宮崎県
鹿児島県
愛媛県
高知県
香川県
徳島県
大阪府
和歌山県
対馬10
五島1
平戸6
平戸新田1
唐津6
小城7
佐賀36
蓮池5
鹿島2
大村3
島原7
福岡47
柳河12
久留米21
三池1
小倉新田1
小倉15
秋月5
清末1
長府5
長州37
中津10
日出2
杵築3
森1
岡7
府内2
臼杵5
佐伯2
延岡7
熊本新田4
熊本54
宇土3
人吉2
高鍋3
佐土原3
飫肥5
薩摩77
津和野4
浜田6
松江19
広瀬3
母里1
徳山4
岩国6
広島43
広島新田3
福山11
吉田3
宇和島10
大洲6
新谷1
松山15
今治4
小松1
西条3
土佐24
土佐新田1
多度津1
丸亀5
高松12
徳島26
新見2
鴨方3
松山5
岡山新田2
浅尾1
岡田1
足守3
庭瀬2
勝山2
岡山32
津山10
鹿野3
若桜2
鳥取33
三日月2
赤穂2
山崎1
龍野5
豊岡2
出石3
三草1
柏原2
篠山6
安志1
林田1
姫路15
小野1
明石8
三田4
尼崎4
岸和田5
伯太1
狭山1
宮津7
福知山3
丹南1
紀州56
田辺4
新宮4

シリーズ藩物語

長岡藩

稲川明雄……著

現代書館

プロローグ

長岡藩物語

武田・今川・徳川に挟まれた臨戦地で

越後長岡藩の藩風を形作った核になったものが、「牛久保《うしくぼ》の壁書《かべがき》」と「侍の恥辱十七カ条」である。長岡藩の牧野氏とその家臣の多くは、その昔、三河に住しており、戦国時代牛久保城にあった。その牛久保は今の愛知県豊川市《とよかわし》牛久保《うしくぼ》町であるが、戦国期は武田、今川、松平（徳川）氏の間にあり、常に精神を緊張させていなければ侵略、滅亡させられる位置にあった。そのため、牧野氏は心身を鍛え、生活を質素にして、主従相励ましあって、苛酷な闘争地で独立していた。

藩という公国

江戸時代、日本には千に近い独立公国があった

江戸時代。徳川将軍家の下に、全国に三百諸侯《しょこう》★の大名家があった。ほかに寺領や社領、知行《ちぎょう》所★をもつ旗本領《はたもとりょう》などを加えると数え切れないほどの独立公国があった。そのうち諸侯を何々家《け》家中《かちゅう》と称していた。家中は主君を中心に家臣が忠誠を誓い、強い連帯感で結びついていた。家臣の下には足軽《あしがる》層《そう》★がおり、全体の軍事力の維持と領民の統制をしていたのである。その家中を藩と後世の史家は呼んだ。

江戸時代に何々藩と公称することはまれで、明治以降の使用が多い。それは近代からみた江戸時代の大名の領域や支配機構を総称する歴史用語として使われた。その独立公国たる藩にはそれぞれ個性的な藩風《はんぷう》と

その際牧野氏とその家臣団がよりどころとしていた気風を「牛久保以来の家風」とか「常在戦場の精神」という。

それは「牛久保の壁書」と「侍の恥辱十七カ条」というものであった。

常在戦場の藩風

その壁書《かべがき》のなかでもっとも大切にしていたのは、第一条の「常在戦場の四文字」である。牧野氏とその家臣団は常在戦場の精神を藩風の中心に置き、精神作興をはかる。それは幕末に至るまで守られることになった。

江戸時代中期、高野余慶《たかのよけい》(一七二九〜一八二五)という学者が『御邑古風談《ぎょゆうこふうだん》』(一七六七)をあらわすが、そのなかで「常在戦場

高野余慶

自立した政治・経済・文化があった。幕藩体制とは歴史学者伊東多三郎《いとうたさぶろう》氏★の視点だが、まさに将軍家の諸侯の統制と各藩の地方分権が巧く組み合せわされていた、連邦でもない奇妙な封建的国家体制であった。

今日に生き続ける藩意識

明治維新から百三十年以上経っているのに、今でも日本人に藩意識があるのはなぜだろうか。明治四年(一八七一)七月、明治新政府は廃藩置県《はいはんちけん》★を断行した。県を置いて、支配機構を変革し、今までの藩意識を改めようとしたのである。ところが、今でも、「あの人は薩摩藩の出身だ」とか、「我らは会津藩の出身だ」と言う。それは侍出身だけでなく、藩領出身者もさしており、藩意識が県民意識をうわまわっているところさえある。むしろ、今でも藩対抗の意識が地

の四字を書いて、居間の柱に張って常にこれをみて、兵乱の有り様を追祭し、朝夕忘れることのないよう」と記述している。この高野余慶は、のちの連合艦隊司令長官となる山本五十六《やまもといそろく》の直系祖先であるが、「常在戦場の四字を武士の守り札をし、怠慢などをせず、無為の今日を満足ならしめ、永く忠勤する」心構えだと言っている。

　この常在戦場の精神は、長岡の歴史にどっかと根をおろし、米百俵の精神などに引き継がれてゆく。幕末、長岡藩が幕政改革を断行して強兵な組織に変わる根底には、常在戦場の精神があった。また、藩士たちの末裔はこの藩風を忘れることなく、日常生活に生かそうとしたので、いまに至る、長岡のまちづくり、人づくりにも大きな影響を与えた。

＊「牛久保の壁書」と「侍の恥辱十七カ条」については本文31頁参照。

方の歴史文化を動かしている。そう考えると、江戸時代に育まれた藩民意識が現代人にどのような影響を与え続けているのかを考える必要があるだろう。それは地方に住む人びとの運命共同体としての藩の理性が今でも生きている証拠ではないかと思う。

　藩の理性は、藩風とか、藩是《はんぜ》とか、ひいては藩主の家風ともいうべき家訓などであらわされていた。

諸侯▼江戸時代の大名。
知行所▼江戸幕府の旗本が知行として与えられた土地。
足軽層▼足軽・中間・小者など。
伊東多三郎▼近世藩政史研究家。東京大学史料編纂所所長。
廃藩置県▼藩体制を解体する明治政府の政治改革。廃藩により全国は三府三〇二県となった。同年末には統廃合により三府七二県となった。

現在の長岡市

シリーズ藩物語 長岡藩 ―― 目次

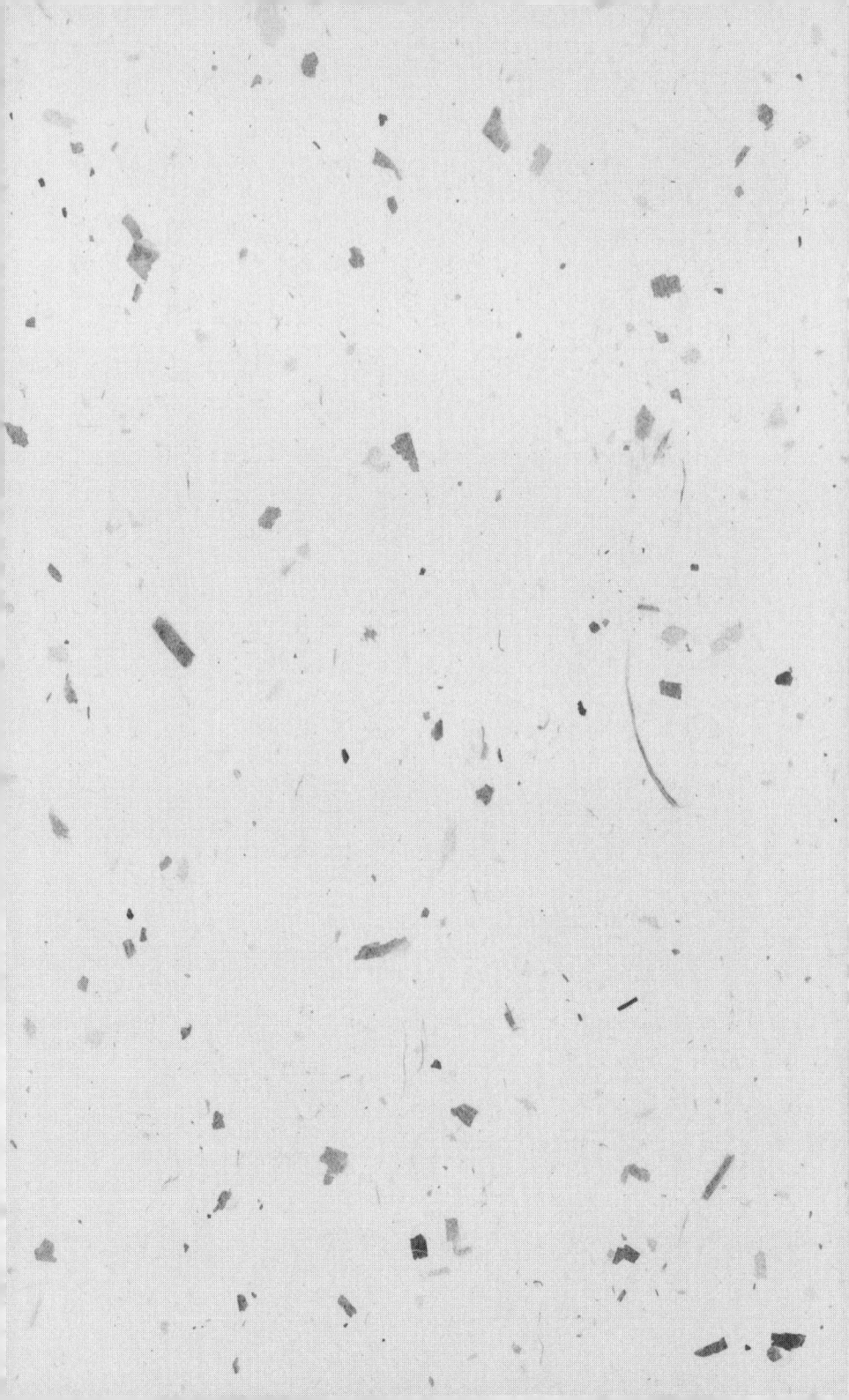

第一章 長岡藩の創設

牧野氏が長岡にやってきた。ここから長岡藩の歴史が始まる

① 創業者の苦労

いつだって、創業者の苦労は並大抵のものではない。

しかし、創業するにはそれだけの理由と歴史が存在する。当然、平凡ではない非凡な能力が介在し、また多少の運が必要だ。

初代長岡藩主となった牧野忠成の巧妙な戦略とは。

牧野氏は不死身の家系

長岡藩主の牧野家は古代から連綿と続く由緒正しい家系だ。第八代孝元天皇《こうげんてんのう》の曾孫の武内宿禰《たけうちのすくね》★が元祖。武内宿禰は歴代天皇、五人に仕え、なお死ななかったので、自ら入山し、食を絶ってようやく生を絶ったという。蘇我氏、葛城氏、紀氏ら有力豪族二十七氏の祖といわれ、その子孫のうち、田口と称した者が牧野氏の祖先である。源平時代は平氏《へいし》に属し、阿波民部少輔成能《あわのみんぶしょうゆうしげよし》が出て屋島の合戦に登場したりする。その後、子孫は熊野《くまの》を経て、三河国宝飯郡牧野《みかわのくにほいぐんまきの》に住み、牧野と称するようになった。これは、西暦一四〇〇年前後だといわれている。

牧野氏はそこで多くの支流を生む。そのなかで牛久保城を拠点としていた牧野氏が長岡藩主となった家系である。

▼武内宿禰
景行・成務・仲哀・応神・仁徳の五天皇に仕え、成務・仲哀・応神・仁徳の四代にわたり大臣を務めたという伝説の人物。

徳川家康に帰属する

永禄《えいろく》三年(一五六〇)五月十九日、尾張の桶狭間《おけはざま》で織田信長《おだのぶなが》が今川義元《いまがわよしもと》を討ち死にさせた。

このことが、三河の土豪たちに大きな影響を与える。義元の嫡子、氏真《うじざね》を、牧野氏の伝記ともいうべき『牛窪密談記《うしくぼみつだんき》』★は「氏真、遊宴を事とし、兵庫踊のバサラ★を好み、夜を昼となし玉へば、(牧野康成)何かと遠ざかり」とある。バサラとは伊達者《だてもの》をいい、万事派手好みの今川氏真から三河国の西郷《さいごう》、菅沼《すがぬま》らの武将が離反していった。

牧野康成《まきのやすなり》は永禄九年(一五六六)、岡崎の徳川家康の下に参じ、主従の契りを結んだ。戦国期、牧野党といわれる侍たちは、隣の西三河の旗頭、松平党と血で血を洗う戦いをしてきた。ところが松平党のなかから徳川家康という英傑《えいけつ》が出るに及んで牧野成定・康成父子とその一党も帰属したのだ。ここに牧野氏が東三河《ひがしみかわ》譜《ふ》代《だい》★の大名となる布石が生まれた。

▼『牛窪密談記』
江戸時代に牛久保の住人中神善九郎が記した牧野氏の伝記。

▼バサラ　婆娑羅
珍奇で派手好きな品性をもった者。または行動をする人物の呼称。

▼譜代
譜代大名は徳川氏に属した時期によって松平郷譜代・岩津譜代・安城譜代・山中譜代・岡崎譜代・東三河譜代などに分類されている。

牧野康成のこと

長岡藩初代藩主牧野忠成の父、牧野康成《やすなり》は一癖も二癖もある人物だったと記されている。彼は牛久保城三千石から、大《おお》胡《こ》城《じょう》二万石に身代を持ちあげた武将だ。日吉丸の豊臣秀吉《とよとみひでよし》、加藤清正《きよまさ》、福島正則《ふくしままさのり》、堀直寄《ほりなおより》らの出世大名の例はたくさんあるが、並の武将では、身代を七倍にはできなかっただろう。

そもそも、牧野康成は貞成《さだなり》と名乗っていた。『牧野家史』★に「康成は牧野成定の第一子、弘治元年（一五五五）、三河国牛窪に於て生る、通称は新次郎、諱《いみな》を貞成と云へり。永禄九年（一五六六）、父成定の死後、牧野成貞と遺領を争ひしが、徳川家康之を裁決して、貞成に家督《かとく》を相続せしめ、酒井忠次《さかいただつぐ》の第二女を室とし、家康から一字を貰い、康成と改名せしむ」とある。康成は徳川家康に恩顧をこうむったことがわかる。実は康成は家康より十三歳年下。父の遺領を一族と争った際は、生意気な青年にすぎなかったらしい。ところが酒井忠次の二女を娶《めと》ってから急に発憤する。

酒井忠次は徳川家康の筆頭《ひっとう》譜代《ふだい》の家臣である。のちに酒井家は江戸幕府の大《たい》老《ろう》を務めたりした。長岡藩とはその後も縁戚となり、恩顧を受けることになる

▼『牧野家史』
坂本辰之助によって書かれた牧野家の歴史書。大正六年（一九一七）発行。

鶴岡藩《つるおかはん》の家系である。その忠次の二女於虎《おとら》は大そうな美人であったという。

若い康成はその於虎に懸想《けそう》★した。一方的な康成の恋だったのだろう。しかし、牧野康成は新参者。酒井忠次はとりあわなかった。むしろ、於虎を松平一族の有力武将に嫁がせて、よりよい忠臣になろうと考えていたらしい。そこに牧野康成から「於虎をもらいうけたい」という話がきたのである。酒井忠次は烈火の如く怒り、使者に対して「康成は大胆者なり、悪く致したらんは謀反を起こし、三河一国も手に入れるべき男なり、そのような者に娘をやるなど、もってのほか」と承諾しなかった。大胆者とは徳川家康にとって代わるほどの才覚の持ち主だというのだろうか。

この話を聞いた徳川家康は「あの器量者に忠次の娘を嫁がせれば、忠義者となり、徳川家のためになるだろう」と言ったという。

そのため酒井忠次は、あらためて申し入れを承諾して、於虎を康成のもとへ嫁がせている。はたして、それからの牧野康成の武功は華々しいものがあった。戦場では常に先陣《せんじん》★。一番乗り(一番槍《いちばんやり》★ではなかったらしい)。退却時には殿備え《しんがりそなえ》★を買ってでた。それも酒井忠次の与力武将《よりきぶしょう》★としての活躍である。

徳川家康にとっても、思わぬ拾いものをしたと思ったにちがいない。なにしろ、新参の家臣が、次々に戦功をあげ、徳川氏の領地を拡大していくのである。その

▼懸想
恋をすること。

▼先陣
戦闘において真っ先に敵陣に攻めこむこと。また先陣は最前線の部隊そのものをさす。

▼一番槍
敵陣に最初に槍を突き入れること。

▼殿備え
最後尾の軍勢が防御の備えをすること。退却時に味方の犠牲を最小限にくいとめる重要で危険な役目。

▼与力
戦国期には大名や武将のもとで騎乗する武士を与力といった。

一例をあげれば、永禄十一年（一五六八）の宇利《うり》・小幡《おばた》の砦を守って浜名《はまな》城を押さえた功名。同十二年、懸川城《かけがわじょう》攻めの先鋒。また、元亀《げんき》元年（一五七〇）、近江の佐々木承禎《しょうてい》と戦った際もその功は抜群とされた。有名な天正三年（一五七五）の長篠《ながしの》の戦いでは、酒井忠次とともに、武田方の拠点、鳶巣山の攻略に尽力し、そのために長篠原の戦いが大勝につながる功績をあげている。

同年八月の諏訪原城の攻略では、抜群の働きにより諏訪原は牧野と改称される経緯まで持つに至った。

妻を差し出した創業者

牛久保生まれの牧野忠成は、戦国の世を生き抜き、長岡藩を創業する。

七万四千石の長岡藩ができるためには、あらゆる権謀術数《けんぼうじゅっすう》の世界で徳川氏の臣下として戦功をたてねばならなかった。それは陰と陽、闇と灯りに似た裏と表の牧野忠成の生き方を知らねば、とうていわからない悲哀である。

牧野忠成は若い頃、それも、十代の頃、徳川家の親族、松平《まつだいら》★家忠の娘を正室としている。それは松平党と牧野党の因縁を氷解しようと考えた縁組みであったはずである。ところが、徳川家にとって三河の名門吉良家《きらけ》と縁組みをする必要が

▼松平
松平の姓を名乗れるのは徳川氏の縁戚関係にあった大名・旗本たちだけだった。

生じてきた。そこで、忠成の妻をあらためて松平家に帰し、吉良家と縁組みをさせたのである。それは臣従してきた新参者の牧野氏の度量をためす所業でもあった。

上田城攻め

慶長五年（一六〇〇）の関ヶ原の戦いは、天下分け目の戦いであった。牧野忠成は父康成とともに、徳川秀忠の幕下にあって、真田幸村《さなだゆきむら》らの籠る上田城攻めに加わった。激闘数日を経ても、上田城を攻め落とすことができなかった。そこに牧野氏の家臣らの青田刈り★の軍令違反事件が起きる。戦功をはやった一部の家臣の早駈けが幸村の術中にはまってしまうのである。

これに秀忠幕下の参謀本多正信《ほんだまさのぶ》が烈火の如く怒り、牧野康成・忠成に処罰を要求する。忠成はそのとき、家臣らを逃走させ罪をかぶろうとした。結局、上田城攻めは失敗に終わり、徳川秀忠軍は関ヶ原の戦いに間に合わなかった。

後述するが、上州大胡《じょうしゅうおおご》★二万石の領主だった牧野氏は、戦後康成が上州白井《じょうしゅうしらい》城に幽閉され、忠成は出奔《しゅっぽん》してしまう。牧野氏存亡の危機となった。

▼青田刈り
収穫前の稲を刈り取ること。

▼上州大胡
群馬県勢多郡大胡町

福島正則改易事件に関与

牧野忠成の妹が徳川家康の養女となり、福島正則《ふくしままさのり》のもとへ嫁いだのが慶長九年（一六〇四）のことである。忠成は二十三歳。妹の年齢は不明だが、没年齢から数えると十五、六歳であったと思われる。この妹の名は伝わっていない。

法号《ほうごう》★を昌泉院《しょうせんいん》殿華景春大禅定尼というから「まさ」か「はな」という名であったのかもしれない。

福島正則には津田氏から出た正室がいたが、亡くなったので、その継室に牧野忠成の妹が選ばれた。実は昌泉院は、福島家の内情を幕府に通報していた。その間、福島正則との間に二女をなしている。

広島城の無断修理が表沙汰になった際、昌泉院は、広島城を脱出して、兄の下に逃げ帰っている。いよいよ、福島正則が改易と決まった際、その使者に牧野忠成がなった。芝愛宕下の福島邸に牧野が入ると、福島正則は一人の女の子を抱き、もう一人を連れてあらわれ、改易の口上に「是非もない」と応じたという。

この功により、長岡藩の牧野忠成は、一万石の恩賞にあずかった。昌泉院もまた栄誉を与えられ、死後、増上寺に昌泉院という塔頭《たっちゅう》★を建立してもらっている。

▼法号
戒名

▼塔頭
寺院の境内におかれた子院。普通は何々院・庵・坊・軒などと呼ばれた。

現在は花岳院《かがくいん》にその五輪塔がある。

福島正則は豊臣秀吉が育てた戦国大名。加藤清正とともにその勇名がうかがわれた。関ヶ原戦のとき、いちはやく、石田三成に対抗する姿勢をとり、徳川家康に味方し、徳川政権の樹立に貢献した。しかし、徳川政権にとっては目のうえのコブ。家康、秀忠の父子は常に福島正則の懐柔策を弄していたといわれる。その改易事件は謎が多い。

昌泉院が没すると徳川家と牧野家は増上寺に昌泉院という塔頭を建てたが、五輪塔そのものをご本尊として、寺院を建てたようだ。遺骸は、お道具箱《どうぐばこ》★に入れられて埋められたとあるが、その真相は伝わっていない。

出世と遺産

初代藩主となる牧野忠成は、戦功よりもどちらかというと政治工作者としての功により長岡藩を創設できたようだ。

大坂冬の陣(一六一四)では先陣五番★。夏の陣(一六一五)では四番だったというが、二七級の首をとったにすぎない。戦功で五万石以上の大名になるには、戦局を転回させるような働きが必要だった。

▼**お道具箱**
武器等を入れておく箱。

▼**先陣五番**
先陣のうちで前から五番目に位置していた。

だが、元和《げんな》二年（一六一六）に越後長峰で五万石。

元和四年には越後長岡で六万四千石。ついで元和六年に一万石の加増を受けて、七万四千石余りの大名となる。

それには、情報戦での勝利。その陰で人身御供《ひとみごくう》になった女性たちがいた。承《じょう》応《おう》三年（一六五四）に忠成は、七十四歳で没しているが、その際多くの遺産を女性たちに分けている。その総額は五万三〇七〇両にも及ぶ。お千代に三千両、おまんに百両、お吉に一万五千両、おふくに二千両、おみ津に二百両、おかつに一千両などである。そのすべては女性たちであった。そのなかに忠成を助けた女性が大勢いたと思われる。

殉死をする家臣

その忠成が没するにあたり二人の殉死者を出している。

忠成が没したのは承応三年十二月十六日である。江戸《えど》藩邸《はんてい》で没したとある。遺骸は、越後長岡に運ばれ、菩提寺《ぼだいじ》の榮凉寺で告別式を行ったのち、遺言により、栖吉《すよし》の普済寺《ふさいじ》裏の山頂で荼毘《だび》に付し、葬ったとある。現在、その裏山には立派な五輪塔《ごりんとう》が建立されている。

牧野忠成（中央）と二人の殉死者の五輪塔（普済寺）

この遺言は、徳川家康の死後にならったものとされている。その大きな五輪塔の両脇に二つの小さな五輪塔がある。一人は渡部《わたなべ》七郎《しちろう》左衛門《ざえもん》、禄高三十石。四十三歳。以前、不調法★をした際、忠成に許されて、栃尾組の蠟奉行に抜擢されたという経歴の持ち主だ。殉死を許され、法蔵寺で追腹★を切っている。いま一人は、禄高二百三十石の能勢《のせ》兵《ひょう》右衛門《うえもん》である。二人は主君に殉じて忠節を尽くそうとした。

▼不調法　不始末
▼追腹　殉死

牧野忠成について再考

元和四年（一六一八）春。牧野氏は越後長岡六万四千石を拝領し、家臣団とその家族、追従の商人・農民らが移住してくる。その数二千余とか三千余といわれ、大変な移動であった。城や城下は完成していなかったから、寺院や仮普請の邸に住む者が多かったという。

主君牧野忠成は樹立したばかりの幕政に関与し、中央政界を離れられなかったから、このとき入封していない。そもそも牧野忠成が越後長岡藩を創業できたことさえ、不思議である。かの有名な慶長五年（一六〇〇）の青田刈り事件が起きる。軍功をはやった牧野家の手勢が稲田を刈り、勝手に軍規を破ったというのである。

牧野忠成像

秀忠の幕僚本多正信が烈火の如く怒り、牧野忠成に違反の家臣の処罰を求めた。その際、忠成は「御為を思った者を罰することはできない」と戦場から逃走させたというのである。

この事件は、当初はそう大きな問題ではなかったが、秀忠軍が関ヶ原の戦場に遅れてしまったため、牧野忠成とその父康成にも罪科が科せられることになった。当時、牧野氏は上州大胡《おおこ》城《じょう》二万石の領主であったが、知行はそのまま、伊勢崎の稲垣長茂《いながきながしげ》の管理のもと、康成は白井城に幽閉、忠成は逐電ということになった。以来、約十八年間、牧野家臣団は主を失ったまま、大胡城で、じっと我慢の日々を送っていたのである。

もちろん、途中の大坂冬の陣、夏の陣にも参戦しているが、いわば関ゲ原の際の汚名をひきずっていたといえる。

その十八年間に牧野忠成は、当初京都に出没し、のちに所司代となった板倉勝《いたくらかつ》重《しげ》と、朝廷工作をしていたらしい。『牧野家譜★』には、そのような対後陽成天皇・対後水尾天皇への攻略など、一行も触れられていないが、徳川政権を安寧にするため、牧野忠成の暗躍があったと思われる。

牧野忠成の「忠」は徳川秀忠から一字をもらったものだ。その頃、天皇は豊臣系の後陽成《ごようぜい》天皇から後水尾《ごみずのお》天皇に替わるが、徳川政権に都合のよい朝廷をつくる

▼『牧野家譜』
牧野氏の歴代藩主履歴

のが陰の武者の仕事だった。牧野忠成は先の上田城攻めの失敗を、政治工作で挽回しようとした。

そのひとつに、後水尾天皇の皇后に、徳川和子《とくがわまさこ》の入内があったが、それは天海《てんかい》僧正《そうじょう》・堀直寄《ほりなおより》・藤堂高虎《とうどうたかとら》・牧野忠成らが、親幕《しんばく》公卿★らと仕組んだ大芝居であった。

二代将軍徳川秀忠は、父家康以上に謀議にたけていた。譜代の酒井忠次らを側に置き、本多正信の智謀を基に、次々と政権安泰策を講じていったのである。

牧野忠成の母は、秀忠が信頼を寄せる酒井忠次の娘であった。当時、不遇だった牧野忠成を使い、京都に潜入させて、対朝廷工作の裏側を元締めさせたのである。

前述したが、牧野忠成は家臣を大胡から呼び寄せ、縦横無尽の活躍をした。所司代の板倉勝重《いたくらかつしげ》があげたという功績の多くは、牧野党の働きによるものだと考えてもよいと思うくらいである。だが、それらは正式な歴史には叙述されるものではなかった。

牧野忠成が元和二年（一六一六）、突然、越後長峰五万石に移封《いふう》されるのも、このような功績が加味されていた。また、その後、堀直寄の長岡領に移封される要因も、京都工作の事実があったからにほかならない。

このような教訓がのちの家臣構成にあらわれている。伊賀者《いがもの》★、加藤者《かとうもの》、柳生者《やぎゅうもの》

▼**親幕公卿**
幕府よりの公家

▼**伊賀者**
伊賀国の地侍の呼称。加藤者や柳生者と同じく、間諜や斥候に活躍した。

などといわれる忍びの者と称される家臣の構成が意外に多い。探索者、偵察者、密偵などとなり、京で活躍したのだろう。

だから、牧野忠成は元和四年（一六一八）に移封が決まっても、長岡に来ることはなかった。家臣団が主君の来るのを待ちわびながら、築城工事を続行し、道普請をし、それぞれの邸を整備した。その中心にいた家臣の稲垣・山本両家は、牧野氏の客将《きやくしよう》として取り扱われていた。そのことに牧野家臣団の構成の秘密や、牧野氏成立の謎が隠されている。

「長岡藩行軍」の図

② 長岡藩を経営する

藩は基本的に自立経済であった。

領内の人口は石高（米の生産高）に比例していたから、食糧の自給率も高かった。

だから、藩の人事問題も含め、領内の経営が巧くゆくかどうかが、存亡にかかわる重要課題だった。

長岡藩の領地

長岡藩の領地は徳川秀忠からの朱印状《しゆいんじよう》★によると、現在の長岡市を中心に栃尾市、三島郡の一部、新潟市の一部、そして西蒲原郡の一部におよんだ。長岡藩では上組・北組・西（川西）組・栃尾組《とちおぐみ》・河根川組《こうねがわぐみ》・巻組《まきぐみ》・曾根組《そねぐみ》に分けて支配している。総合するとその石高は七万四〇二三石余であった。

石高は領地で穫《と》れる米の量をしめし、大名の格式の一部となっていた。江戸時代の経済は、米を基準にしていたので、新田開発をし増収することを大切にした。長岡藩では、初代藩主牧野忠成のとき、二万六〇四三石余りの石高を増加させたので、忠成は二男武成《たけなり》に与板（新潟県長岡市与板）一万〇〇一八石、四男定成《さだなり》に三根山★六三〇〇石を与えて分家させている。

▼朱印状
公認の証《あかし》の文書。

▼三根山
新潟県新潟市峯岡

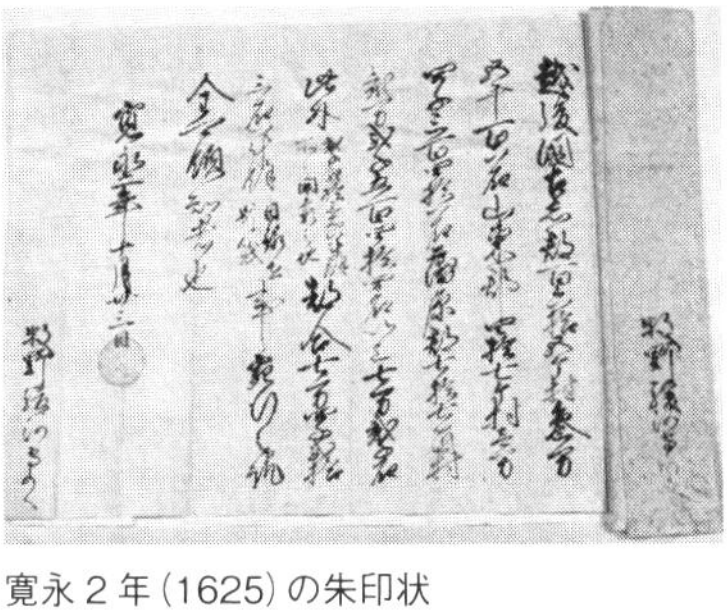

寛永２年（1625）の朱印状

長岡藩領内図（江戸中期）

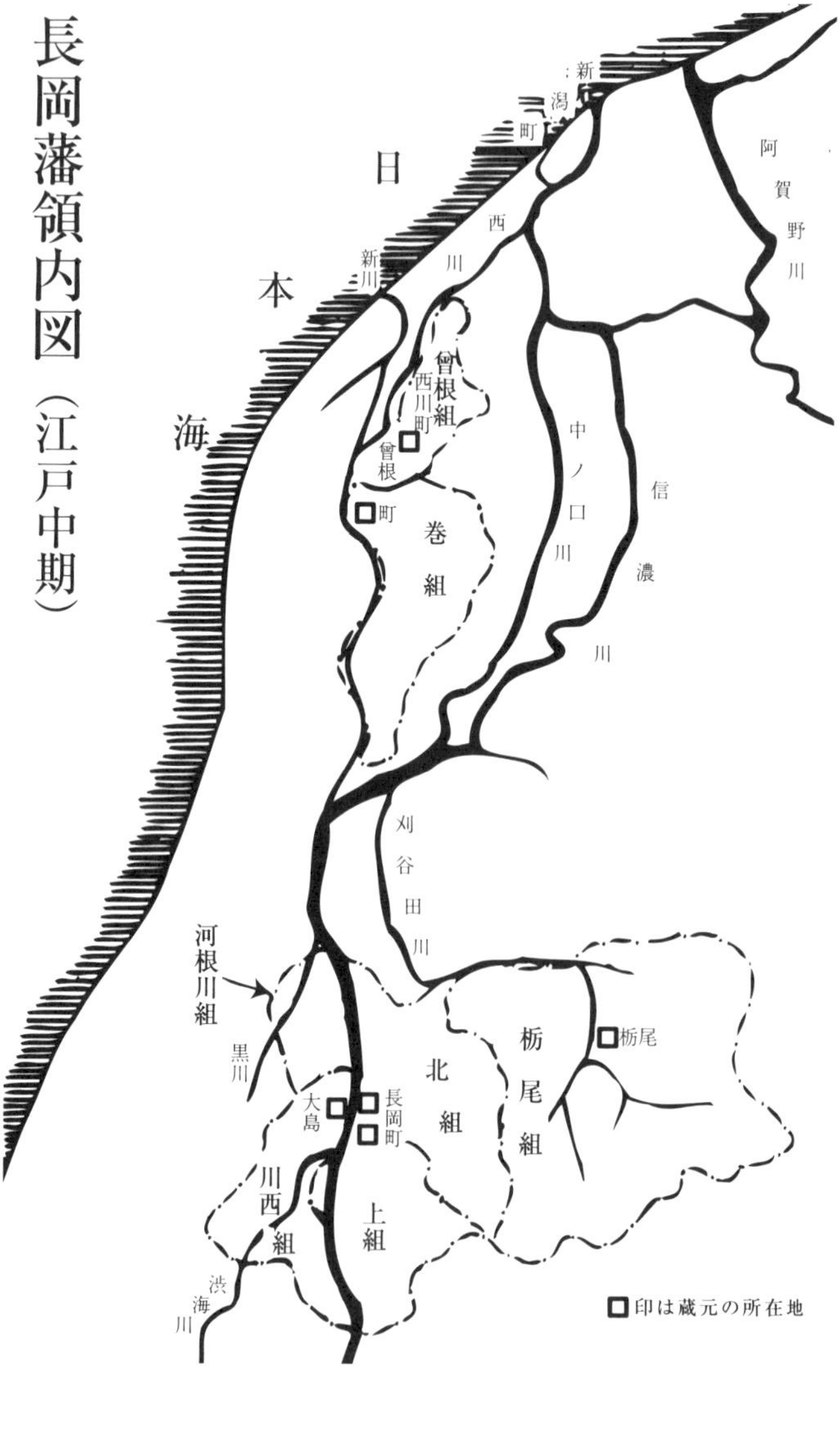

上組・川西組（西組）・北組・河根川組・栃尾組・巻組・曾根組。
村数は上組 50 カ村・川西組 50 カ村・北組 52 カ村・河根川組 35 カ村・栃尾組 103 カ村・巻組 39 カ村・曾根組 55 カ村

牧野忠成の検地

寛永七年(一六三〇)六月、初代藩主牧野忠成は、はじめて長岡藩領に入った。これを初入部《はつにゆうぶ》といい、主君を迎える長岡城では、てんやわんやの騒ぎであったろうと考えられる。

ところが、この初代藩主、ちょっと普通の大名と違っていた。入部にあたって検地《けんち》★をすると言いだしたのである。自分が治める長岡というところが、どういう地味があって、どれだけ米の収穫高があるのかを確かめようというのである。

早速、奉行以下、手配りをすすめ、万全の態勢を固めた。ところが、また忠成は、直接自分が作業する者たちに、心得を通達したいと言いだした。忠成にすれば、自らの治政方針をわかってもらう良い機会である。しかし、七万四千余石の大名が、実務的なことに口出しすることには周囲も驚いた。それを忠成は断行したのである。

実際に検地作業を担当するのは、下級役人の目付・検地竿頭《さおがしら》などの軽輩な侍たちである。

彼らに検地心得書を渡し、読み、よく理解して検地作業を行うよう通達した。

▼検地
領主が所領を把握するために行った土地の基本調査。江戸時代は村単位に実施され、一筆ごとに所在地・面積・等級・名請人などを記し、村の生産高を米の石高で換算した。検地によって年貢や諸役・賦課が決まったので、重要な調査だった。

その第一は、検地は農民たちの生活を左右するものだから、公儀（幕府）の定めを守り、「進まぬよう、退かぬよう、注意せよ」というものであった。徳川家康がいう「百姓は殺さぬよう生かさぬよう」と似ている。しかし、この考え方は似ているようでいて根本的に違っていた。つまり、長岡藩の場合は、農民を大切にすることこそが領有支配の最善策だ、と語ったのである。

忠成は融通無碍《ゆうずうむげ》な行動をする人物であったらしい。それは次の心得から推察できる。

- 高百石に人数百人ある村は村柄の善きものぞ。これに準じて、人数少なきほど村柄の悪しきものぞ。
- 男子より女子の多き村は富饒なるものぞ。
- 町並みある村は農家貧困なるものぞ。
- 山際に家建ちありて平地に田畑ある村は地味宜しきものぞ。
- 平地にて田多き村は格別貧富なきものぞ。
- 金銀多く持し浪人住める村は百姓の貧乏なるものぞ。
- 土地の習慣は害にならぬものはそのまま用うべし。

などというものであった。つまり、村の事情をよく把握してから、検地の縄を張り、藩にとっても、農民にとっても良い検地を行えと指示したのである。当時

「農夫歓宴」の図（『陳観帳』から）

はまだ戦国時代の殺伐とした風が抜けず、治政は不安定であった。強硬に検地を実施し、隠田《おんでん》★の摘発や重い課税を断行しても、藩のためにならない。かといって長岡藩の実収高を計っておくことは、為政者として最重要の課題であった。

そこで、下級役人に、村に入ったらそこの地味を知れと申し渡した。人口や地形、人情まで察して検地作業をすすめれば、良い結果が生まれ、以後の長岡藩の治政が巧くゆくと企んだのである。はたして、この心得から検地作業がすすみ、その後の藩政にどのような影響を与えたかはわからない。しかし、この忠成が与えた心得書の精神は領民や下級役人たちに深く浸透し、両者の和解に役立ったようである。

一見、支配者の気ままな検地作業の実施にみえるが、そこには初代藩主のしたたかな計算が見え隠れする。それは、戦国の世を生き抜き七万四千余石領主に昇りつめた牧野忠成の才覚と、徳川幕府成立の陰の立て役者といわれた牧野忠成の政治的手腕の、「小さくて大きい」施策のあらわれであった。

このように初代藩主牧野忠成をみてみると、その非凡な才能が長岡藩を創り出したと思われるのである。

▼隠田
領主に対して租税を納めない田地。江戸時代にも厳重に禁止されたが絶えなかった。

朱印状には七万四千石。知行目録には七万二千石

朱印状によれば長岡藩の石高は七万四〇二三石ということになっている。それは、村高《むらだか》★を合計したものであるはずだが、その総計（知行目録《ちぎょうもくろく》★）は七万二千石余り。ではその差の二千石はどうなっていたのだろうか。

幕府は、その差は、いずれ将来開墾される新田高だといっている。まだ、未収の石高をつけ加え、開墾を促すには、何か根拠があったものと思われる。因みにその後長岡藩は信濃川沿岸の湿地や山野を切り開き、新田開発を積極的に推しすすめた。

長岡藩風

元和四年（一六一八）、牧野氏とその一党約三千人は、越後長岡に入封してきた。その春、築城工事中の長岡城下に入った家臣たちは、生活信条を掲げた。それは三河牛久保以来の家風を守るためであり、侍としての恥辱を受けないための守り書きであった。

▼村高
江戸時代、一村ごとに米の生産高である石高を表したもの。

▼知行目録
知行書立［ちぎょうかきたて］ともいう。この場合、将軍から牧野氏に与えられた知行充行状［ちぎょうあてぎょうじょう］に添えられた目録。村名と知行高が書かれている。また、知行充行状は朱印状のことをいう。

そのなかの「牛久保の壁書★」を紹介する。

一、常在戦場の四文字★
一、弓矢御法といふ事★
一、礼義廉恥《れいぎれんち》といふ事★
一、武家の礼儀作法
　そのうち一、出仕の礼　一、馬上の礼　一、途上の礼　一、老人の会釈
　一、座間の礼　一、目礼・手札の次第　一、取籠者対手の作法
一、切腹人等検死の作法　一、介錯の作法　一、改易人等御使心得

▼牛久保の壁書
これはのちに「侍の恥辱十七カ条」となり、かつ一条追加されて十八カ条となった。

▼常在戦場の四文字
常に戦場にあるという気持ちで生活せよということ。

▼弓矢御法といふ事
弓矢が戦さの基本であるという意味で、侍の原点に還れということ。

▼礼義廉恥といふ事
恥を知れ、己を知れということ。

伝河井継之助筆

一、貧《ひん》は士《さむらい》の常といふ事
一、士の風俗方外聞《がいぶん》に係るといふ事
一、百姓に似る共、町人に似るなといふ事
一、進退ならぬといふ事★
一、鼻は欠くとも、義理は欠くなといふ事
一、腰はたたずとも一分《いちぶ》を立てよといふ事
一、武士の義理、士の一分を立てよといふ事
一、士の魂は清水で洗へといふ事
一、士の魂は陰《かげ》ひなたなきものといふ事
一、士の切目《きりめ》、折目《おりめ》といふ事
一、何事にても根本といふ事
一、日陰奉公といふ事
一、荷《に》なひ奉公といふ事
一、親類は親しみ、朋友は交わり、傍輩《ほうばい》中は附き合ふといふ事、また一町の交わり、他町の附き合といふ事

これを家中全員が読み聞かされ、また藩士が出仕《しゅっし》★する部屋に大書されて掲示

▼進退ならぬといふ事
出処進退を明らかにせよということ。

▼出仕
役人が勤めの場所に出ること。

されていた。武士同士の揉《も》め事なども「壁書」の文言で詰問されると、容易に解決したという。

非常に備えるということ

藩風で勤倹を第一義にし、貧乏に耐えうる精神を藩士のなかに植え育てていった。これは非常の備えを常時行うという美徳となった。

つまり、武器を整備し、軍用金を貯蓄することにつながっていったのである。たとえば、藩の中老職★で能勢三郎右衛門《のせさぶろうえもん》という侍がいた。知行は四百五十石で長岡藩では上士《じょうし》★にあたる。その人物の屋敷は、畳が入っているのは座敷の十畳間だけで、あとの部屋はむしろ敷きであった。

あるとき、奥方が病気になったので、医師や親類が集まったが、屋敷の粗末さにみな驚いた。そこで、親類の者が「分相応の備えをなさるべきです」と小言をいうと、能勢はだまって別室に案内した。そこには武器・具足がたくさん飾られていた。

「軍用金も、今少しにて、箱に一つとなり申す。何方へお供おおせつけられ候とも、ご厄介に相成り申さず、家来共も御目にかけ申すべしと呼ばれ候へば、若

▼中老
家老と奉行の間の職

▼上士
位の高い侍。長岡藩の場合、二百石以上の侍を上士と呼んだ。

党はじめ仲間まで揃え置き、馬も乗替まで、これあり、金子も五十両候へば」と申したというのである。

侍の生活

長岡藩には武士の心得というものがあった。三代藩主牧野忠辰治世の延宝二年（一六七四）に定められた「諸士法制」である。

一、忠節に励み、孝道を守り、風俗を乱すべからざる事
一、諸役人は急度、その役を守るべし。もし疎略の儀有るにおいては越度《おちど》（罪）なるべき事
一、長岡における者、木綿等の衣類を着るべし
一、年始・五節句等の音信、親・兄弟の外、従兄弟までは心次第の事
一、武具・馬具等分限に応じ、不足無きよう用意すること肝要（大切）なるべし但し美麗を好むべからず。並に刀・脇差、分限を過ぎたるの拵《こしらえ》、無用の事
一、進退ならざるの旨、訴訟致すべからず。然れども火難に逢う等の輩は格別なるべき事

一、右の条々堅相守るべきものなり

このように武士たるたしなみを忘れず、忠義孝道を尽くすことが第一とされた。役人は職を守り、誤ちを犯したら罪を受け、親類同士のつきあいまで質素を要求されたのである。その一方、武具等を揃え、いつなんどき戦いがあっても出陣できる用意が大切とされた。従来からあった「侍の恥辱十七カ条」などと相まって、これらの「法制」は足軽以下にも要求され、宝暦十二年(一七六二)に法制化されて長岡藩士の生活規範が決められていったのである。

牧野忠盛相続事件

御多分に洩れず、長岡藩にもお家騒動や、暗殺、刃傷事件などが数多くあった。二百五十年以上もあった長岡藩の歴史からみれば当然の所為である。藩主の相続問題、藩士団内の権力争いがないといえば嘘になる。

お家騒動では、初代と二代藩主が没した際が著名である。後から思えば、よくも長岡藩がお取り潰しにならなかったという具合に、幕府にとっては好都合、長岡藩にとっては最悪の状況下におかれた相続問題であったといえる。

そもそも、初代藩主から二代藩主への引き継ぎは、牧野忠成の長男光成が若くして没したことにより発生している。光成が没したのは寛永十四年(一六三七)六月二十二日。二十四歳だった。初代藩主はそのとき壮年だったが後継者には困ったらしい。そこで光成の長男忠盛を嫡子として幕府にとどけた。

当時、数え年、五歳の忠盛が嫡子となるには異論もあったようだが、そのときは忠成の威光があって、光成の弟武成・定成たちも納得させられた。

それは武成・定成に寛永十一年、それぞれ与板、三根山を分知《ぶんち》★したことにもよる。

だが、実際、初代藩主忠成が承応三年(一六五四)十二月に没すると、すんなり忠盛が遺領を継ぐということにはならなかった。叔父である武成(そのときは康成と称していた)と定成が、幕府に異を訴えでたのである。

滞りなく二代藩主に任命されると考えていた忠盛にとっては、青天《せいてん》の霹靂《へきれき》のことであった。なぜ、与板・三根山藩主が忠盛の襲封《しゅうほう》★に反対したかは伝わっていない。当時、老之助と称していた忠盛は、その行状の素晴らしさで藩士たちには慕われていた。

承応三年があけて、明暦元年(一六五五)、牧野忠盛と家臣の代表である牧野市《まきのいち》右衛門《うえもん》と稲垣《いながき》太郎《たろう》左衛門《ざえもん》が幕府に呼び出された。将軍のもと、評定所で双方対決

▼分知
江戸時代、大名や旗本が自らの領地を分割し、子孫らに相続させること。

▼襲封
領主(諸侯)が領地を受け継ぐこと。

という仕儀となった。

長岡藩主相続問題は、幕府あげての関心事となった。

明暦元年二月十六日、江戸城内の評定所に将軍、御三家《ごさんけ》、大老《たいろう》★、老中、諸国の大名らが臨席するなか、問責が始まった。忠盛と与板・三根山藩主は広間（書院）にあったが、家臣二人は白州《しらす》で裁きを受けることになった。

藩主間の問責が終わり、やがて家臣の二人が弁明することになった。牧野らは呼び出しを受けて白州★に登場した。そのとき、帷子《かたびら》★を着た正装であった。特に床几《しょうぎ》に座ることを許された。そのときまで、忠盛側は不利であったという。家臣二人は書院内の与板・三根山藩主と対決することになった。

牧野市右衛門、稲垣太郎左衛門の二人は、先代忠成の、光成没時の嫡子問題について経過を説明した。そのとき将軍のまえでも怖れずかつ正々堂々と証拠の品を示して、水の流れるように邪正を弁じたという。それは熱誠にあふれるものであった。

やがて、将軍（四代家綱）より声がかかった。

「よいやよいや」の二声。居並ぶ御三家らもその声を聞いて感嘆し、両者を成敗せず、忠盛に遺領を継がせることが決定された。

牧野・稲垣の忠臣ぶりが感嘆された。「牧野忠盛は良い忠臣をもった。普通、

▼大老
老中の上の役職

▼白州
法廷

▼帷子
生糸や麻で作ったひとえもの

家臣というものは、老練な藩主を望み、交代を良しとするものだが、牧野家の家臣どもは筋を通そうとする。たいしたものだ」というのが、徳川家綱の「よいやよいや」という二声にあらわれていたというのだ。

また、与板・三根山藩主にも何も罪を与えず、そのまま藩地を安堵《あんど》された。また、忠盛も牧野、稲垣の忠臣ぶりをいい加減に評価することなく、今までの禄高で家老職にとどめおいた。

忠盛は遺領相続にあたって、祖父の名「忠成」に改めている。このお家騒動が忠成が培ってきた忠孝の訓《おし》えによって救われたことによることを肝に銘じたからだろう。

牧野能登朝成

初代藩主牧野忠成の三男に朝成《ともなり》という少年がいた。初名を牧野能登と称したから、由緒正しい母から生まれた子どもであったろう。

ところが、牧野朝成は数え年十三歳の寛永八年（一六三一）十二月晦日、非業の最期を遂げた。朝成と名乗っていたから元服後のことであろうか。朝成はそのころ怒りを受け、長岡藩領北組《きたぐみ》椿沢町《つばきざわまち》の椿沢寺《ちんたくじ》に幽閉されていたというから、刺客に襲われたか、切腹を命じられたものか。

　椿沢寺には、それに似た別の伝説がある。初代藩主牧野忠成の実弟、牧野主水秀成暗殺事件である。寛永十四年六月六日の雨の夜、秀成は長岡藩からさしむけられた刺客によって斬殺された。現在の見附市椿沢町の真言宗寺院の椿沢寺の墓地の奥に、牧野秀成の墓が存在している。

　この秀成暗殺事件には、長岡藩士綿貫軍兵衛《わたぬきぐんべえ》という剛の者がからんでいる。軍兵衛は忠臣だったともいうが、主君忠成の命をふくんだ刺客だったともいわれている。その後、長岡藩政史に登場しないから、事件後抹殺されたのかもしれない。

　この事件を最初に叙述した昭和四十年代の互尊文庫《ごそんぶんこ》★館長の内山喜助《うちやまきすけ》氏は、文治派★家臣の盟主牧野秀成と武断派★家臣を統率しなければならない藩主牧野忠成との間の抗争の末の処断だとしている。

　寛永十四年の六年前、同じ椿沢寺で、牧野一族の悲劇があったとすれば、牧野家臣団や一族間の抗争は凄絶な暗闇の歴史であったことが推察できる。牧野朝成事件についてだけいえば、十三歳の少年に何ができたというのか。ある家臣の記録によれば、藩主菩提所榮凉寺には、その墓所がないという。

　そもそも、この朝成は二男の与板藩主となった武成と四男の三根山藩主となった定成の間に位置していた。兄と弟はのちに分知し、大名になったが、朝成だけ

▼互尊文庫
長岡市立図書館

▼文治派と武断派
十七世紀の中ごろ、大名の改易が少なくなったことから、法律・制度の整備など文治主義的な政治改革が行われた。この時期、各藩は武断派家臣から文治派家臣に藩の中心の転換が図られた。

が短い生命を終えているのである。

『牧野家譜』をみても『徳川実紀★』をみても、この頃に特段の事件を記していない。むしろ牧野忠成は幕閣の仕事をしていて、領地には入封していない。その状況下で、牧野朝成は越後に入り、椿沢寺に幽閉されたこと自体、おかしい。まして少年である。

　勘気とは藩主牧野忠成から受けたものだろうか。若しくは当時の将軍徳川家光だろうか。しかし、たとえ将軍家から勘気を受けたとしても刺客が派遣されることはない。ただ、朝成の忠臣高橋仁兵衛《たかはしじんべえ》が、たびたび慰めに椿沢寺を訪問していた事実がある。

　初期長岡藩政の謎である。しかし、こののち、長岡藩を奇怪な不幸が次々と襲ってきた。秀成暗殺事件であり、また嗣子《しし》の光成死去などである。藩の存亡にかかる事件がたびたび起こってきたのである。

　忠成の長男光成は、牧野家の期待を担った人物であった。光成の光は徳川家光から拝領したものである。母は永原道真《ながはらみちざね》の娘。はじめ忠虎と名乗っているが、二十四歳の寛永十四年六月に没した。

　その光成の徳望ある人生を惜しんで、『牧野家譜』は、次のように讃えている。

「孝子の常分にして、父母の安否を一日も怠らざるに聞く。人は称して純孝と

▼『徳川実紀』
徳川氏の正史

いう。天和の後、天下混一に帰すといえども、諸家に於て、礼制儀、いまだ備わらず、士臣の職に当たる者は、軍中の例に倣いてこれを役という。豪雄を貴て倫序に粗略なり。酔て妄呼し、剣を抜て柱を撃の遺風あり。忠成これを厭はざるにあらず。光成父君を佐け侍臣を教戒して、儒臣に命じて経伝を講じ文武を以って左右の事とす」

などとある。光成が戦国遺風の強い家臣団をその人柄によって制御していったというのである。牧野氏の長岡藩治が整うのは、この光成の性格にあるらしい。

徳川十七将

長岡藩には「徳川十七将図」が伝わっている。絵師狩野秀信筆の秀作である。徳川家康の股肱《ここう》の将士★を、描いたものである。秀信は狩野氏信の長男で、正徳二年(一七一二)六十六歳で没している。上段中央に徳川家康がいて、上から三段目の真ん中左が牧野康成である。郷土史家本富安四郎の『長岡藩史』には「数度の戦功により益々重用せられ岡崎大樹寺の伝来画図によれば、徳川十七将の一人として数えられたるが如し」とある。これによると、いかにも徳川家の忠孝の臣僚の一人ということになる。

▼孝行を尽くす子どもは、両親の健康を気づかっているものだ。それは純孝というものだろう。天下がようやく一つにまとまったが、諸大名では風儀や制度が、まだ備わっていない。家臣に役職を与えても、戦さに出たように解釈して、役と称し豪雄を貴び、倫理を粗末にするものが多い。酔って大声を発し、剣を抜いて柱を傷つける者がいる。父の忠成はそれらを制することをしなかったが、光成は父を助け、家臣に儒学を教え、法をつくり、文武を奨励することにより、治政が定まった。

▼**股肱の将士**
もっとも頼りにしている家臣

しかし、『雑話筆記』『老士語録』★などによると徳川十六将とある。因みにその十六将の名をあげる。

一、松平甚太郎《じんたろう》家忠《いえただ》　二、酒井左衛門尉《さえもんのじょう》忠次《ただつぐ》　三、井伊兵部少輔《ひょうぶしょうゆう》直政《なおまさ》　四、本多中務大輔《なかつかさだゆう》忠勝《ただかつ》　五、榊原式部大輔《さかきばらしきぶだゆう》康政《やすまさ》　六、平岩主計頭《かずえのかみ》親吉《ちかよし》　七、大久保七郎右衛門忠勝　八、大久保治右衛門忠佐《ただすけ》　九、内藤四郎左衛門正成　十、鳥居彦右衛門

徳川十七将図

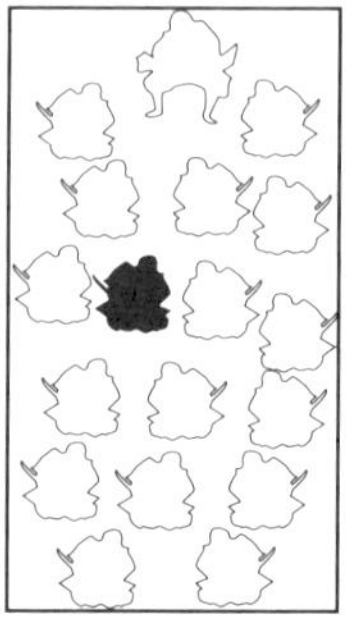

絵の上段には徳川家康がおり、上から三段目真ん中左には初代忠成の父康成が描かれている。康成の鎧の直垂に「三葉柏」の紋所が見える。（作者は御用絵師・狩野秀信）

元忠　十一、鳥居四郎左衛門直忠　十二、高木主水正《もんどのしょう》入道性順　十三、渡辺半蔵守綱　十四、服部半蔵正成　十五、蜂屋半之丞直次　十六、米津藤蔵入道浄心である。牧野右馬允康成は入っていない。ただ牧野家がその絵を家宝として伝来してきた理由に、徳川家恩顧の大名ということがある。戦功や江戸幕府成立の功があったからこそ、十七将の一将としての自負があったものと思われる。

参勤交代

参勤交代の始まりは慶長八年(一六〇三)であると『慶長年録★』にある。「上方！諸大名衆江戸へ下向、秀忠公へ出仕。此頃は大名帰参」とある。外様大名★が人質を幕府に差し出す証人制度や武家諸法度《ぶけしょはっと》が制定されるなか、元和三年(一六一七)には参勤交代が慣例化していた。

長岡藩の参勤交代がいつ始まったか定かでない。牧野家の『牧野家譜』によれば「寛永八年(一六三一)四月二十一日、忠成参勤の御礼として登営《とうえい》★」というのが最初のようである。そのとき太刀やロウソク五百挺《ちょう》、折紙、白布二十疋《ぴき》献上とあるから、莫大な贈物を参勤と同時に行っている。二百人以上の供侍をつれ、三国《みくに》街道《かいどう》を行き来した。

▼『雑話筆記』『老士語録』
徳川氏譜代の家臣からの聞き書き書。

▼『慶長年録』
江戸時代の歴史書

▼上方（京都・大坂・皇居があったから）の大名たちは江戸に出てきて将軍秀忠のところに出頭して挨拶をする。だから、この頃徳川氏に屈服するようになった。

▼外様大名
徳川家の家門や本来の家臣ではない大名。主として関ヶ原以降に従った大名。

▼登営
幕府に出仕すること

『武鑑《ぶかん》』★などによれば、長岡藩の参勤は、丑《うし》・卯《う》・巳《み》・未《ひつじ》・酉《とり》・亥《い》の年に行われている。それも六月初旬に多く、俗に六月大名といわれた。

三国街道を上下した場合、はじめ七泊八日で江戸へ着いた。

藩主の参勤交代の日が近づくと、町奉行から町役人に、見送りに手落ちのないよう心得が通達されたという。大名行列を庶民が見送ったというのである。こんな手毬歌がある。

　こんど、殿様お江戸へお立ち、お駕籠のまわりは誰々様じゃ、一に稲垣、二に槇《まき》様よ、
　三ツ三間《みつま》に四ツ吉田様、五ツ飯田に六ツ森様よ、七ツ梛野《なぎの》や八ツ山本や、九に九里や十に栂野《とがの》様、まだもあります千本木に奥津《おくつ》、ここは米山三里の坂よ、向こうに見ゆるはお小姓じゃないか、お小姓下ゃるか俺ゃ今のぼる、文を遣ろうにもことづてしょうにも、
　道の十里も隔ててあれば、筆にことかく硯墨ゃ持たぬ。晩にお茶屋へ泊まりて見れば、茶ののれんは柏《かしわ》の紋《もん》で……

と、子どもたちは歌ったという。江戸屋敷★に入るとただちに到着の報告を幕府

▼『武鑑』
大名・旗本のデータ資料集

一里塚の松

に通知した。江戸屋敷には在府の藩主と家族の住む上屋敷、世嗣《よつぎ》の住む中屋敷《なかやしき》（もっとも中屋敷には上屋敷に通う小姓や藩士がいた）、隠居した旧藩主の住居にあてられた下屋敷があった。

▼江戸屋敷
長岡藩の上・下屋敷は、藩主の幕府の役職によりたびたび変わった。中屋敷だけは芝愛宕下にあって二百五十年間変わらなかった。

藩士の上府

藩士たちが江戸へ行くには、上府が七日道中、帰国に六日を要したといわれている。この日限内に到着すれば「道中滞りなく」と言い、これを超えると「恙無《つつがな》く」と言ったとある。これは三国街道★を通行した定めだったが、冬期間は信州廻りとなった。

▼三国街道の宿駅
（長岡）↓六日市↓川口↓堀之内↓浦佐↓五日町↓塩沢↓関↓湯沢↓三俣↓二居↓浅貝↓永井↓相俣↓須川↓布施↓塚原↓中山↓横堀↓牧↓今居↓渋川↓八木原↓↓大久保↓惣社↓玉村↓本庄↓深谷↓熊谷↓鴻ノ巣↓桶川↓上尻↓大宮↓浦和↓蕨↓板橋（江戸）

なぜ帰郷が六日かといえば、帰郷の当日、家族が途中まで出迎えその日のうちに上役に挨拶をしなければならなかったから、大急ぎで済ませたからだ。

文久（一八六一～六四）のころまで、旅費はだいたい三両もあれば足りた。当時、宿泊料は三百文以下であったが、幕末になると何倍にも騰貴した。藩士が江戸に入ると、神田橋外の旅宿・おはぎ屋で旅装を解き、伊賀袴《いがばかま》を着し、下駄をはいて上屋敷に挨拶にいった。そのとき用人に「ご威光を以ちまして道中滞りなく、只今到着致しました。この段お届け申し上げます」と口上したという。用人は「申し上げます」と答えた。

それから、在府している家老《かろう》・奉行《ぶぎょう》に挨拶廻りをした。

上府《じょうふ》中の藩士は、藩邸の長屋に住んだ。八畳座敷に四人くらいで雑居し、賄《まかない》方《かた》の中間《ちゅうげん》がついた。毎月二朱の手当があったから、その金で、塩・味噌・醬油・菜・薪炭・油を買った。飯米は藩の負担だった。ただし、飯は茶碗二杯までだったという。だから茶碗の大きいものを購入したが、いつの間にか大型のものは割れた（割られた？）という。

軍法

長岡藩は戦争時には、ひとつの戦闘集団になるから、軍法があった。軍法の制定は初代藩主牧野忠成の時代であるというが定かでない。

藩主を大将として、その下に侍大将《さむらいだいしょう》五人を中心に旗《はた》奉行三人、長柄《ながえ》奉行三人、御馬印《おうまじるし》奉行二人、陣場《じんば》奉行一人、以下足軽頭、小姓頭、それぞれの杖突《じょうつき》など役目があった。藩印《はんじるし》である五間梯子《ごけんばしご》★の旗をたて、または陣羽織・旗指物に色別に印をし、戦場での役割を決めている。使武者《つかいむしゃ》八人はそのなかでも一際目立つ存在だった。また家柄によって動員人数を定められ、長岡藩の人数総数二九三九

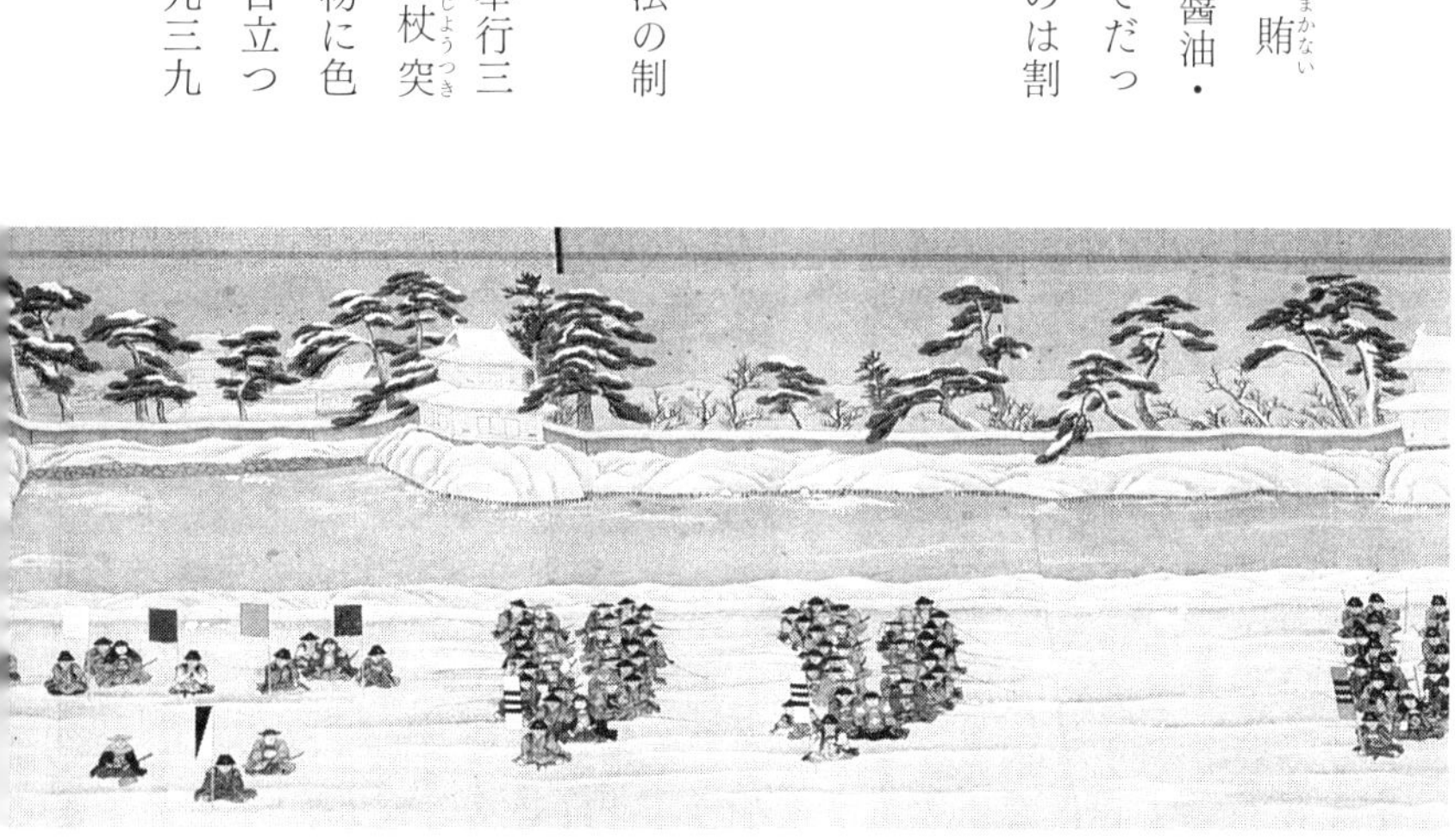

人と決められた。乗馬は二三疋《ひき》であったというから、小藩としては大部隊であった。

そのなかには忍びの者六人、大工一五人、鍛冶五人、石切り三人、舟の者五人なども陣場奉行のもとに配置された。

軍法は幕末まで守られ、長岡藩では厳寒の冬に雪中勢揃えの儀式をたびたび行っている。すなわち完全武装をした藩兵が大手門前に集合し、藩主の検閲を受けた。また、雪中に東山山麓で大がかりな狩りをしている。

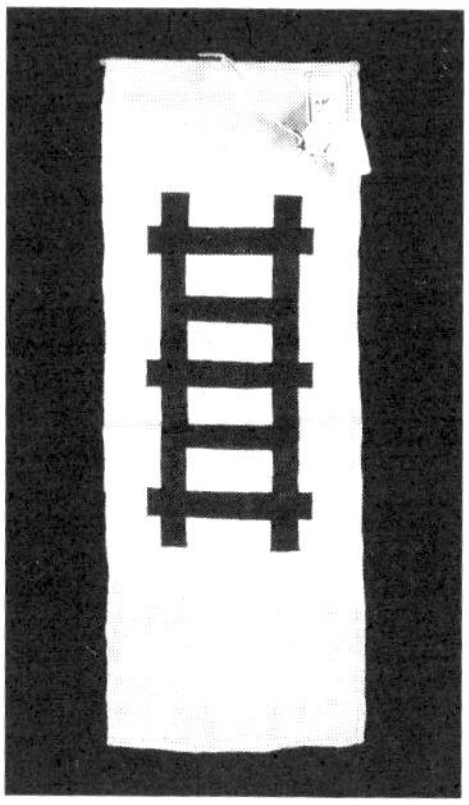

五間梯子の袖印

雪中勢揃之図（一部）

③ 歴代藩主のエピソード

封建領主である藩主には、名君もいれば暴君もいた。藩主の善し悪しが、藩の運命を変えたこともあった。長岡藩主牧野家は、二百五十年の治世を、三河以来の藩風を掲げ守り抜く。その陰にいくつかの人間的な愛憎もあったことが、長岡藩の基礎を重層にしていった。

歴代藩主

牧野忠成が初代藩主についてから幕末に至るまで十二代の藩主が続く。一忠成《ただなり》《ただしげ》、二忠成《ただなり》《ただしげ》、三忠辰《ただとき》、四忠寿《ただかず》《ただなか》、五忠周《ただちか》、六忠敬《ただたか》《ただよし》、七忠利《ただとし》、八忠寛《ただひろ》、九忠精《ただきよ》、十忠雅《ただまさ》、十一忠恭《ただゆき》、十二忠訓《ただくに》《ただのり》、十三忠毅《ただかつ》である。

初代と二代の間に光成《みつなり》という嗣子がいたが、父の死に先立って二十四歳で没している。二代忠成は光成の嫡子ではじめ忠盛《ただもり》といったが、祖父の偉業を継ごうと、忠成に改めている。

三代忠辰は中興の名君といわれ藩治を整えた名主。また九代忠精は老中《ろうじゅう》★にもなり、文化大名と称せられている。牧野家の特徴は藩主はすべて明君で、暗君がいなかったことである。相続争いのお家騒動がいくつかあったが、それらも家臣が

▼老中
江戸時代の幕府の職名。諸大名を統制する幕府の最高職。二万五千石以上の譜代大名が任命され、定員は四~五名で月番で政務を執った。

巧くまとめている。断絶《だんぜつ》★も移封もされず、入封以来二百五十年間、長岡城にあるのは、藩主・家臣が一致して藩風を守り抜いた証拠ともいえる。

そして牧野一族は五軒が大名になっている。すなわち、越後長岡七万四千石、常陸笠間八万石、丹後田辺三万五千石、信濃小諸一万五千石、越後三根山一万一千石である。これほど繁栄している一族は珍しい。これらの一族の本家は越後長岡の牧野氏である。

▼断絶
改易のこと。

牧野家略系図

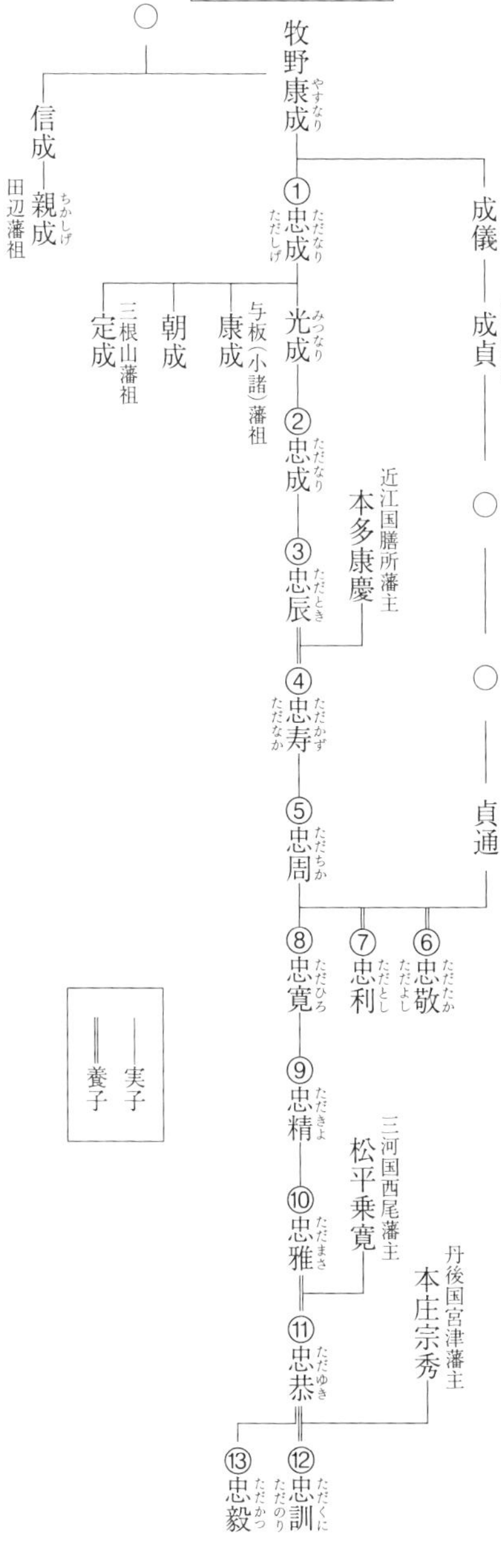

歴代藩主

【初代（慶長十四～承応三＝一六〇九～五四）は除く。かっこ内は在位年】

二代藩主　忠成（承応四～延宝二＝一六五五～七四）
治世二十年の間に四回の大洪水が起こり、その損耗は十万石におよび、忠成は治水第一に尽力し、新田開発にも努めた。

三代藩主　忠辰（延宝二～享保六＝一六七四～一七二一）
二代藩主忠成の長子で、十歳で父を失い家督を継ぐ。大叔父の三根山の牧野忠清が後見役として養育し、家老の意見をよく聞き、また家老も良く補佐し生来聡明であった忠辰を名君とした。高田城請け取りの名指揮振りは本文でも述べたが、民政にも力を入れ、新田開発、山林の植林ばかりでなく、藩士の屋敷内にも松・杉・欅・桐の植林を勧めた。また商工業の振興に務め、敬神家でもあったので、神道を崇敬し当時荒廃していた弥彦神社を再建し、能にも優れ、しばしば演じている。

四代藩主　忠寿（享保六～二十＝一七二一～三五）
近江国膳所藩主本多康慶の第三子で忠辰の養嗣子となり二十七歳で家を継ぐ。温厚で用心深く、民政にも力を入れた。

五代藩主　忠周（享保二十～延享三＝一七三五～四六）
忠寿の第二子で十五歳で家督を継いだが生来病弱で、幕府の公職にも就かず藩政は家臣に任せた。延享三年に養子の忠敬に家督を譲って隠居した。

六代藩主　忠敬（延享三～五＝一七四六～四八）
長岡藩の支藩、常陸国笠間藩主牧野貞通の第一子で、十八歳で長岡藩の家督を継ぎ、水害のため藩庫が窮乏することを憂えて倹約を薦め自らも木綿を着用し、おかずは豆腐半丁ですましたりした。将来を嘱望されながら治世三年にして二十歳で没した。

七代藩主　忠利（寛延元年～宝暦五＝一七四八～五五）
忠敬と同じ牧野貞通の第二子。十五歳で長岡藩の家督を継いだが、治世八年、二十四歳で没した。

八代藩主　忠寛（宝暦五～明和三＝一七五五～六六）
五代藩主忠周の第一子であるが生後直ちに笠間藩主牧野貞通の養子となり、後にかえり、家督を継いだ。たびたび信濃川の洪水に悩まされたが、特に宝暦七年の洪水の損害額は七万五千石に及んだ。このため「お恵みの粥」を施し、飢えた領民を助けたという。治世十二年、三十一歳で没している。

九代藩主　忠精（明和三～天保二＝一七六六～一八三一）
忠寛の第一子。七歳で父を失ったが、母俊光院の薫陶と名家老山本老迂斎の補佐の下で鋭敏の天資を伸ばしていった。治世六十六年と歴代藩主最長である（本文参照）。

十代藩主　忠雅（天保二～安政五＝一八三一～五八）
忠精の第四子。父同様に幕府老中に就任。ペリー来航で揺れる外交問題に対処し功績があった（本文参照）。

十一代藩主　忠恭（安政五～慶応三＝一八五八～六七）
三河国西尾藩主松平乗寛の第三子。十五歳で忠雅の養子になる。京都所司代・老中になるが、慶応三年家督を養子忠訓に譲り隠居（本文参照）。

十二代藩主　忠訓（慶応三～明治元年＝一八六七～六八）
丹後国宮津藩主本荘宗秀の第二子。十四歳の時、忠恭の養子となり、慶応三年家督を継ぐ。室（妻）は忠恭の第二女彝子《つね》である。大政奉還に反対し河井継之助と共に京都に行き朝廷・旧幕府関係者に建白書を差し出したりした。北越戊辰戦争の際は河井継之助を支持し、会津・仙台・米沢へ難を避け、明治二年隠居した。

十三代藩主　忠毅（明治元年～三＝一八六八～七〇）
十一代藩主忠恭の第四子。明治三年の廃藩により、最後の藩主となった。

綱吉の側用人牧野成貞は分家

五代将軍徳川綱吉の時代（一六八〇～一七〇九）、俄かに大名となった牧野という侍がいた。初代藩主牧野忠成の弟成儀《なりよし》の子、成貞《なりさだ》である。牧野成貞は、綱吉が将軍にならない頃、館林藩の家臣として仕えていた。綱吉が将軍となるとともに館林藩は廃絶し、多数の藩士は幕臣に召し抱えられた。このとき家老の牧野成貞は側用人★となった。官位は次々と昇り、従四位下《じゅしいげ》まで進むと同時に加増につぐ加増で二千石から笠間藩八万石の大名となった。格式も老中同格《ろうじゅうどうかく》となって権勢をふるったという。

そののちに柳沢吉保が出世することになる。

朝鮮通信使の応接

二代藩主の時代、朝鮮通信使《ちょうせんつうしんし》★の来朝にあたって迎馬の鞍★を三州三島《さんしゅうみしま》まで届ける役を長岡藩は初めて受けている。一回の通信使の応接に幕府が要した費用は百万両に達するといわれているが、応接をする大名も、たくさんの出費を強制された

▼側用人
側用人は五代将軍徳川綱吉のとき、牧野成貞が任命されたのが最初。将軍と老中の連絡役であったが、将軍の相談役でもあったため、絶大の権力を持った。

▼朝鮮通信使
江戸時代、朝鮮国王が幕府に対して派遣した使節。はじまりは十五世紀日本の情勢探索と、倭寇の禁止要請のため通信史を足利将軍家に送ってから。江戸時代は慶長十二年（一六〇七）から文化八年（一八一一）まで十二回使節が来日した。両国とも莫大な費用と労力を要した国家的行事だった。

▼迎馬の鞍
出迎えのこと。

のである。

　享保四年（一七一九）、朝鮮通信使来朝の際、長岡三代藩主忠辰と豊後国岡★城主中《なか》川内膳正《がわないぜんのかみ》が饗応役を命ぜられたことがある。その際、朝鮮の役人ヤクセンタイなる者を牧野家の江戸藩邸に招いたことがある。

　ヤクは酒が強かった。そこで長岡藩は坊主役《ぼうずやく》の本木一露《もときいちろ》なる人物を酒の相手に出した。互いにつぎあったのち、藩では長岡藩の什宝《じゅうほう》★である武蔵野という大杯を出してきた。それで、ヤクが一杯、一露は一杯半を飲んだ。一露はそれでも泰然としていた。

　翌日、朝鮮の中官は、一露を旅宿に招き、互いに酒を飲み交わした。そのとき、ヤクは「一盃々々又一盃」の感状《かんじょう》を一露に与え、『康熙字典《こうきじてん》』★と清国の地図を贈った。

　そのことによって、本木一露は石高六二石の藩士となった。

高田城受け取りの大役

　延宝九年（一六八一、天和元年）、世にいう越後騒動《えちごそうどう》★が起き、高田藩《たかだはん》松平光長家がお取り潰しとなった。当初忠臣だと思われていた家老の小栗美作父子らは死罪と

▼豊後国岡
大分県竹田市

▼什宝
お家の宝。

▼『康熙字典』
清の康熙帝の時代に編まれた当時最大の漢字の字典。

▼越後騒動
高田藩（新潟県上越市）のお家騒動のこと

なった。ほかにも多数の刑罰を受ける者がいた。

その城地の没収を、長岡藩主らが命ぜられた。ときに、長岡藩主は第三代牧野忠辰。

当時十六歳の忠辰は、元服《げんぷく》の式をすませ、長岡に帰城。藩士に総登城させて、受け取りの命が下ったことを伝えた。

高田藩士らが開城を拒めば戦いもあることを知らせ、軍役に従って、総勢三千人を、進発させた。城下を出て信濃川を渡る際は舟橋《ふなばし》を架け、軍馬が通過した。また、途中、海岸で砂嵐に遭った際には、軍兵に互いに腕を組ませ、かけ声をかけて前進させるなど指揮振りは立派なものだったという。

そうして、高田城の受け取り役を無事すませた。特に金穀《きんこく》★と米蔵の接収は見事だったと伝えられる。三代藩主牧野忠辰と家臣たちのチームワークのよさが、無事大役を成就した要因だった。

▼金穀
金銭と穀物のこと

①軍役人数・馬数	
身分・役馬	人馬数
馬上	115騎
小身侍	139人
足軽	471人
長柄者	123人
中間	282人
諸職	84人
御馬印持・具足持共	47人
諸士下人	2001人
計	3262人
御馬（藩主用）	16疋
乗馬	115疋
夫馬	131疋
計	262疋

②諸入用見積もり	
費　用	入　用
扶持米	1人に付8合
味噌	15人に付1升
塩	5人に付1合
木銭（足軽以下）	1人に付32文（20文）
馬	1疋に付32文
馬飼料	御馬乗馬 1疋に付2升
夫馬	1疋に付1.5升
金	6250両 銀5匁7分8厘
以上定入用	3515両
（ほかに御時服、上下の者への合力下付金）	
合計	1万両余の物入り

天和元年高田城受取りの軍役規模（『長岡市史』上巻より）

十分盃をつくらせる

世は元禄。五代将軍綱吉の頃には、質素な生活がはやらなくなった。大名の生活は華美となっていった。

三代藩主牧野忠辰はこれを憂い、文武の奨励や制度の改定をして、藩士のひきしめをはかった。

その象徴となったものが、十分盃《じゅうぶんはい》だった。これをつくらせたのは忠辰だと伝えられている。十分盃は径二寸三分（約七センチ）くらいの盃で、中央に細い円管が通っている。酒を八分くらいにとどめておけばこぼれないが、それ以上注ぐと小穴を通ってすべて洩れてしまう。すなわち、満つれば欠くという処世訓を示したものである。

この十分盃には松・竹・梅があり、オリジナルは今も秘蔵されている。

六代忠敬と明仙院

六代長岡藩主牧野忠敬は分家の笠間藩主牧野《まきの》貞通《さだみち》の長子であった。

十分盃（竹）

貞通は京都所司代の在職中に死んだが、幕閣では重きをなした人物である。大岡越前守《えちぜんのかみ》忠相《ただすけ》と「評定所定書《ひょうじょうしょさだめがき》」を編集したことでも知られている。また徳川吉宗の寵臣であったことが著名である。その貞通には一七人の男子、一三人の女子がいた。その長男が忠敬で、本藩の牧野家を継ぐことになった。因みに笠間藩は八万石で本藩よりも所領が多い。笠間藩では弟の三男、貞長が継いだ。

その忠敬の室は、長岡藩主四代牧野忠寿の娘、直姫《なおひめ》であった。直姫は一歳年上であったというが、その間柄は、仲睦まじく、しかも両方とも学問好きであった。忠敬の聡明さは養子として入る前から知られており、藩主となってから着々と幕府の重要な職を与えられていったことからもそれは知られる。父貞通にかわって末は老中かといわれたが治世三年、二十歳の若さで没した。直姫は明仙院と号し、賀茂真淵《かものまぶち》の門人となり、余生は国学に没頭した。明仙院の和歌は松崎尭臣の『窓《まど》のすさみ』★に多く紹介されている。

▼『窓のすさみ』に紹介されている直姫が夫の忠敬を想う歌。

一とせは唯夢とのみ立侍りし事よ。去年の今日わかれまゐらせしより、はかなさを思ふも、いとゝせきにあへず、ほしあえぬ月日かさねて一しほにとるぞ涙の色はかはらん

今は世になしとは知れどたちさらぬ面影にこそ纏れにけれ

手向とて千種の花を折る袖に露もなみだもけふはわかれず

七代藩主牧野忠利

七代藩主牧野忠利は兄忠敬が天逝したので、急遽本家牧野氏を継ぐことになった。牧野貞通の二男である。忠利は十五歳のときである。『牧野家譜』によれば、

忠利は名君であった。

「侯、義理に通じ、博にして喜怒色にあらわさず、能く人を容れまた諫を納る、故を以て近侍の臣、智愚となく罪を得る者少なし」とある。

三代忠辰のとき、家臣に対する賞罰が厳しかった。忠利の世は、その人間性の素晴らしさで治政が巧くいったというのである。忠利の寛容性はお付きの者が書き残した『賢績秘鑑《けんせきひかん》』★にあきらかになっている。

その忠利は学問を藩士の小林海鷗《こばやしかいおう》に受けた。また兄忠敬の影響で賀茂真淵に師事したという。国学・朱子学を学んだというのだ。また絵画も巧みで特に大黒天《だいこくてん》の絵が得意であった。ただ病弱で二十四歳で没した。

幕府の重職となるに賄賂は不要

初代藩主は遺言書のなかで、幕府の老中などへの進物、贈物に資金が足りないときは、遺産のなかから千五百両使うように記している。ところが、田沼時代（明和四〜天明六＝一七六七〜八六）は賄賂が公然と幅をきかせるようになった。『甲子《かっし》夜話《やわ》』★に「金銀は人々の一命にもかえがたきほどに尊ぶ宝なるに、これを贈りて奉公をねがう者は、上に忠志を抱くこと明らかなり。志の厚薄は音信の多少にあ

▼忠利は正義と合理を重んじ、博識であったから、決して喜怒哀楽の感情をあらわすことがなかった。人材を登用し、臣からの諫言を聞くことをしたから、家臣たちも落度をする者も少なく、罰せられた者も少なかった。

▼『賢績秘鑑』
忠利の業績を著した書物。

▼『甲子夜話』
平戸藩主松浦静山の随筆集。正編・続編・後編あわせて二七八巻と目録三巻。文政四年（一八二一）から天保十二年（一八四一）まで書かれた。大名・旗本や市井の風俗などの筆録。

らわるるものなり」と田沼意次《たぬまおきつぐ》★が言ったと伝えている。また「予は毎日登城して国家のために心労し、一刻たりとも安心することなし。ただ帰邸して、長廊下に諸家の贈物の山積みするを見れば、いささか心を慰むに足る」とも言ったという。

長岡藩では、延宝二年（一六七四）に「諸士法制」を定め、親子・兄弟以外に年始・五節句にあたって進物してはならぬとし、参勤交代で往還する際にも土産・贈物は一切ならぬと決めている。のちによんどころないときは親類縁者まで心次第としたが、廉直の士をつくりあげることに長岡藩は専念したのである。その一方で藩は、主君の体面や役職によって、相当な金額の贈物、進物をしていたことの事実もある。

老中を務めた九代藩主忠精

忠精は、どこで憶えたのか幼い頃から雨龍《あまりょう》の絵を得意とした。雨龍はトカゲと龍の合いの子といわれ、良いことを呼ぶという目出度い架空の動物だった。そのおかげか十七歳で江戸《えど》城《じょう》西丸《にしのまる》大手《おおて》門勤番《もんきんばん》となってから、急激に出世していく。幕府要職への進出は異例なほどであった。二十二歳で奏者番《そうしゃばん》★、二十八歳で寺社奉行《じしゃぶぎょう》★、三十三歳で大坂城代《おおさかじょうだい》★、三十九歳で京都所司代《きょうとしょしだい》★、四十二歳で老中とな

▼田沼意次（一七一九〜一七八八）
江戸中期の側用人・老中。鎖国政策をゆるめて、金銀通貨の一本化をはかる経済政策をはかった。

▼奏者番
江戸幕府の職名。将軍の側に仕え、諸事を披露する役目。

▼寺社奉行
全国の寺社と寺社領の管理および宗教統制が役目。

▼大坂城代
大坂城に駐在して大坂を守護し政務を担当。また西日本諸大名の動静を監察する役目。

▼京都所司代
京都市政・朝廷の守護および監察、近隣八カ国の訴訟処理。京都・奈良・伏見奉行所の統轄。

り、十六年間務めた。

老中のうち、忠精は勝手《かって》掛《がかり》★老中となり、幕府の財政を担当した。当時、田沼意次が罷免された直後であり、松平定信派の老中として辣腕を振るう。

その松平定信派大名は、幕閣を立て直そうと努力し派閥をつくったのだ。こののち水野《みずの》忠邦《ただくに》らの反対派閥ができるが、長岡藩主は松平定信系大名として、幕末までレッテルを貼られることになる。

文化元年（一八〇四）七月、ロシア使節レザノフが漂流民四名を伴って長崎に入港、通商を要求。幕府は拒絶したが、ロシア側は船の修理と病気船員のための上陸許可を求めてきた。これに対し長崎奉行・肥田頼常は国禁を犯し独断で許可した。幕閣の老中たちは罪を糺そうとしたが、忠精は「遠境を管理する者は、機に臨んで変に応ずることこそ望ましい処理である」と発言し、罪を責めるべきでないとした。この忠精の柔軟で公正な処置は、高く評価された。

また忠精は、財政に負担を掛けないよう十三年の歳月を掛け、先祖崇拝のために日光東照宮を模した蒼柴神社社殿の造営や藩校崇徳館《そうとくかん》の創立、二百三十八町歩十七ヵ村が生まれた新田開発など、藩政にも大きな成果を上げた。これらは名家老山本老迂斎の補佐が大きかった。

▼**勝手掛老中**
江戸幕府の老中のうち財政・民政の担当者。

雨龍（牧野忠精筆）

ペリー来航時の老中、十代藩主忠雅

嘉永六年（一八五三）六月三日早朝、アメリカ東インド艦隊司令長官マシュウ・カールブレース・ペリーが大統領の親書を持ち、四隻の軍艦で江戸湾に入った。アメリカの軍艦は二四〇〇トン。日本の千石船はどうはかっても一〇〇トン。この黒船に日本は右往左往する。

「泰平のねむりをさます蒸気船、たった四はいで夜も寝られず」のような有り様だった。

このとき、幕府の海防掛《かいぼうがかり》★老中だったのが、長岡藩主第十代牧野忠雅である。老中筆頭の阿部正弘《あべまさひろ》と協力し、三奉行★、大目付★とともに、アメリカの国書を受けるかどうかを議論している。

その際、外交にもっとも注文をつけてきた大名がいる。水戸藩主徳川斉昭《とくがわなりあき》である。その水戸侯の説得に立ち向かったのは牧野忠雅であった。

ペリーらの態度は傍若無人。それを久里浜に上陸させ、交渉を成立させていった。

牧野忠雅の陰の手腕を評価する歴史家がいないのはなぜだろうか。

▼**海防掛**
江戸幕府が外交問題に対応するために設けた役職名。弘化二年（一八四五）には老中阿部正弘と牧野忠雅が兼務し、若年寄二名、大小目付、勘定奉行、勘定吟味役から選抜して実務を担当させた。

▼**三奉行**
寺社奉行、町奉行、勘定奉行のこと。

▼**大目付**
老中の下で諸務の監督、諸大名の監察役。

京都所司代に就任した十一代藩主

十一代藩主牧野忠恭が京都所司代に任命された理由は、政治的に衆怨《しゅうえん》のない性格・態度がそうさせたとある。文久二年(一八六二)八月二十四日のことである。当時の京都は政変につぐ政変で世情は不安の極致に達していた。前の薩摩藩主島津久光は、小松帯刀《こまつたてわき》、大久保一蔵《おおくぼいちぞう》らを従えて討幕のリーダーシップをとろうとしていた。これに対し、幕府は京都所司代酒井忠義《ただよし》を本荘宗秀《ほんじょうむねひで》に替えたが、本荘は先の安政の大獄★の際、志士の摘発につとめたので、糾弾の的となっていた。

それで、政治的に過激発言のない牧野忠恭を所司代に任命して、事態の収拾をはかろうとした。

所司代は、京都町奉行《きょうとまちぶぎょう》・禁裡附《きんりつき》・二条在番《にじょうざいばん》・伏見奉行《ふしみぶぎょう》・奈良奉行《ならぶぎょう》などをその配下に置いた。

そして、京都町奉行に永井尚志《ながいなおゆき》という切れ者を、禁裡附に小栗政寧《おぐりまさやす》を配置して幕府は事態の収拾をはかろうとしたが結局、会津藩主松平容保《まつだいらかたもり》を守護職《しゅごしょく》に任命することになる。

忠恭は河井継之助を重用し、その意見を入れ、藩財産に負担の多い老中職を辞

▼安政の大獄
大老井伊直弼が安政五年から六年(一八五八〜九)にかけて攘夷派に行った弾圧。

職している。

長岡藩主は雁ノ間詰め

大名は江戸城内における格式にこだわった。それは大名の詰め所によって家格が分けられていたからである。

すなわち、大廊下・大廊下下・大広間・溜間・溜間御次・帝鑑ノ間・雁ノ間・柳ノ間・菊ノ間の九つに分けられていた。

大廊下には御三家と前田家。大広間は家門大名《かもんだいみょう》★や外様大名の大藩主。黒書院の溜間には高松・桑名・会津の松平家や譜代大名の名家、井伊《いい》・本多《ほんだ》・酒井《さかい》・榊《さかき》原《ばら》家などが入った。譜代大名の多くは帝鑑ノ間か雁ノ間のいずれかに属した。長岡藩主は雁ノ間詰めだった。因みに柳ノ間は外様大名の小身。菊ノ間は無城の譜代大名が詰めた。

長岡藩主が帝鑑ノ間詰めになるのは嘉永三年(一八五〇)、十一代藩主牧野忠恭のころである。二百三十年かかってようやく一つ家格があがった。

▼**家門大名**
御三家・御三卿以外の徳川家の親族大名。

牧野氏入封以前の長岡

縄文遺跡と火炎土器

昭和十一年（一九三六）、火炎型土器が四千五百年もの永い眠りから目覚めた。

この年の大晦日、ひとりの青年が馬高の丘で土偶と土器を発見したのである。

父・近藤《こんどう》勘治郎《かんじろう》と共にこの遺跡の発掘に取り組んでいた青年篤三郎《とくさぶろう》の執念の結果だった。

関原一帯の大地主である近藤家は勘太郎、勘治郎、篤三郎と三代続く考古学者でもあった。篤三郎は、父とともに幼い頃から、遺跡を訪ねて遺物を採集していた。銀行家として厳格な実務家としての性格を持つ勘治郎に比べて、篤三郎は考古学にひたむきで、優しい性格だった。

近藤篤三郎と近藤勘治郎
(1907 ~ 1945)　(1882 ~ 1949)

その年の大晦日は珍しく雪が積もっていなかった。凍える体を奮い立たせて、篤三郎はひとり、今年の別れを告げるべく馬高遺跡を訪れた。そして篤三郎は、「実に珍物希有なものを出す」（近藤勘治郎）。ミス馬高と名づけられた、ユーモラスな形状の土偶である。

ミス馬高

この土偶の発掘された炉跡から、押しつぶされた状態で、土器の破片が見つかった。

篤三郎はこの土器の接合に没頭し、丁寧に復元した。世界に誇る「火炎土器」の四千年ぶりの復活だった。当初は「角飾土器」と呼ばれていたが、後に燃え盛る炎をイメージするその意匠から「火炎土器」と呼ばれるようになった。

長岡には現在約七十カ所にもおよぶ縄文遺跡が見つかっている。

その多くが信濃川左岸に多く点在しており、馬高（縄文中期）、三十稲場（後期）、岩野原（中・後期）、藤橋（晩期）といった新潟県を代表する遺跡群である。その周辺にも小規模なコロニーが取り巻いており、広大な縄文文化がこの周辺に栄えていたことを示している。

近藤父子やその考古学を継承した中村《なかむら》孝三郎《こうざぶろう》らの仕事によって、この地の古代史の年表が明らかになっていった。

火炎土器

留学僧の波瀾万丈な人生

雪村友梅《せっそんゆうばい》は、鎌倉時代末期(一二九〇)、越後白鳥郷(長岡近郊)に生まれた。母は藤原氏で信濃の須田一族の出。鎌倉初期に活躍した高僧・俊乗房重源の生まれ変わりと称されるほどの神童ぶりを発揮したという。

十二、三歳ころに、来朝の宋僧、一山一寧《いちざんいちねい》を鎌倉の建長寺に訪ね、その侍童となった。十八歳で、本場中国で修行するために、商船に便乗して、浙江省道場山に入る。ここで一山一寧の弟子 叔平隆《しゃくへいりゅう》と出会い、数奇な運命に巻き込まれていくことになる。

時代は元代――。

友梅は大都(北京)へ行脚の旅をする。

雪村友梅

この旅のなかで、友梅は、高名な書家・趙子昂を始めとして、多くの名士との交流を得て、社交界の寵児となっていった。

ひとまず旅を終えた友梅は、道場山に戻り、掛搭して叔平隆に仕えた。

この頃、貿易港寧波《にんぽう》の町が倭寇に襲撃されるという大事件が起きた。元朝廷はこの報復として、一律に日本人僧を獄に下す決定をしたのである。

友梅にも、密偵の嫌疑が降りかかることになった。

その才を惜しんだ叔平隆は、友梅を中国人だと偽ろうと奔走する。が、この策略は露見。叔平隆は獄死し、捕縛された友梅は、ついに処刑されることになった。

斬首に臨み、友梅は、仏光遭兵の一偈《いちげ》を唱えた。

「乾坤　孤筇(筇は杖)を卓するに地なし
且喜《しゃき》すらくは人も空　法も亦空
珍重す　大元三尺の剣
電光影裏　春風を斬る」

この気魄と清冽さに打たれた刑吏は、皇帝に訴え、その刑を流罪とした。これは要するに十年間の禁固刑であった。

しかし、その間も挫けることなく、修行にいそしみ、また『岷峨集』などの編纂を行った。その一日一日が本格的禅修行の日々であった。

遠流の刑が解けた頃、友梅は四十歳、恩師を弔い、元徳元年(一三二九)に帰国した。

道ばたで衣服を乾かしていた折に、劇的に母と再会し、それからはともに暮らした。その後は、信濃諏訪の慈雲寺、徳雲寺、赤穂の苔縄の法雲寺、同宝林など開山住寺し、山城の西禅、豊後の万寿寺、京都の万寿・建仁の諸寺に歴任した。

正平元年(一三四六)死去。

その生涯は、名誉や富貴を求めることなく、異国文化に学び、半ばは禅的、半ばは詩的、儒教にも手を染め、荘子にも通じ、道を止めることを知らず、ゆえに波瀾万丈の人生であった。

(『ふるさと長岡の人びと』参照)

雪村友梅詩碑

上杉謙信と河田長親

鎌倉時代、信濃川右岸又倉の地に、修験道の守護神である山岳神・蔵王権現を祀る蔵王堂という霊験社が生まれた。

やがて、室町時代になると長尾景春が蔵王堂のかたわらに城郭を築き、蔵王堂豊後守と称した。その後一族は古志長尾家としてこの地を支配することになる。この頃、城主長尾氏、守護職上杉氏の庇護のもと、蔵王堂を中心に宗教都市として次第に城下町を形成し繁栄していくことになる。

越後の虎、上杉謙信

古志長尾氏が蔵王堂から栖吉へ居城を移したのは、文明年間の末（一四八〇年代後半）とも明応年間（一四九二～一五〇一）ともいわれている。

豊後守孝景は蔵王堂を出城とし、栖吉の山に居城を築いた。

世は下克上——戦国時代だった。

上杉氏とその家臣扱いである長尾氏との争乱が勃発し、守護代の職をめぐって様々な権力闘争が行われる。その中から立ちあがってきたのが風雲の志を抱いた長尾景虎（上杉謙信）である。

永禄二年（一五五九）春、謙信は上洛中、日《ひ》吉《え》大社でひとりの稚児に目を止めた。この岩鶴丸という少年はたいへんな美少年だったと伝えられる。若衆好みの謙信にとってはとにかく眩しい存在だったようだ。

彼は越後に招かれ、謙信の寵愛を一身に受ける。彼こそ十七歳で栖吉城の城主となる後の河田豊後守長親《かわだぶんごのかみながちか》である。彼は謙信の期待通り武将として活躍した。初めのうちは主に有力武将との外交役を務めていたが、後に上杉軍の指揮官として勇猛果敢な栖吉衆を率いて、北陸方面を転戦した。

天正六年（一五七八）三月、越後の虎・上杉謙信はその胸に風雲の志を抱いたまま、春日山の地で果てる。独身で実子のいなかった謙信だが、景勝と景虎というふたりの養子の間で相続争いが起きた。世にいう「御館《おたて》の乱《らん》」である。

長親のいた越中国（富山県）では、織田信長の侵攻が始まっていた。長親は近江国の半分を与えるという信長の誘いにも乗らず、景勝に協力して越後国内の平定に力を尽くした。

しかし、長親は天正九年（一五八一）三月、三十九歳で病没してしまう。その後、長親の息子も急逝したため、家督は従兄弟の政親（親詮）が継ぎ、河田家は米沢藩士として幕末まで続くことになる。

堀氏の越後入封と上杉氏との確執

御館の乱には勝利した上杉景勝だったが、その後も続いた兵乱を平定するため、豊臣秀吉と手を結び、その配下となった。秀吉は上杉景勝を会津百二十万石へと国替えさせる。これは主として東北の伊達政宗と関東の徳川家康との結びつきを牽制の意味があった。

上杉氏の去った越後にやってきたのが堀《ほり》秀《ひで》治《はる》率いる堀氏だった。

上杉軍は約束を破って当年の年貢をすべて持ち去ってしまった。半年分を越前に置いてきた堀氏はこれに難渋した。上杉氏と交渉を重ねたが、上杉氏の重臣直江《なおえ》兼続《かねつぐ》は相手にしなかった。これが、堀氏と上杉氏の確執の端緒となった。

秀吉の死後、堀氏は家康を頼る。これに対し、上杉方は越後に将兵を送り込み、浪人に金品を与え、領民を脅かして大規模な一揆を引き起こした。背後には家康を警戒する石田三成との密約もあったといわれる。慶長十年（一六〇〇）七月、上杉遺民一揆の勃発である。

これに立ちむかったのが、堀秀治の叔父直政の庶子直奇《なおより》だった。一揆勢四千余りに、八百名の手勢でよく戦い、これを退けた。さらに四日町村（小出町）を襲った五千の一揆勢を、自軍を二手にわけて挟撃し打ち破った。この勝利の報告を徳川方に直報したことが、直奇の戦後の地盤固めに重要な意味を持つことになる。

その後も様々な局面で一揆との戦いは続いたが、これは関ヶ原の戦いの前哨戦ともいえるもので、九月十五日の関ヶ原合戦が終わると、急速に収束した。

一揆との戦いの際に直奇が果たした勲功が、関ヶ原の勝利者である家康の目に止まった。蔵王堂城主である堀秀治の弟親良《ちかよし》らが単に感状が送られ、本領が安堵されただけだったのに対して、坂戸の直奇には二万石もの加増があった。これが堀家家臣団の分裂を招いた。若い親良は板挟みに心を痛め、隠遁を願い出て、蔵王堂を去ってしまう。代わりにここに迎えられたのが、直奇だった。

堀直奇の長岡城下町建設

蔵王堂の欠点は信濃川の水流で土壌が決壊していく点にあった。堀直奇は、慶長十年（一六〇五）、水運上重要な蔵王渡しを長岡渡しに変え、長岡の新しい町屋敷割りを作った。

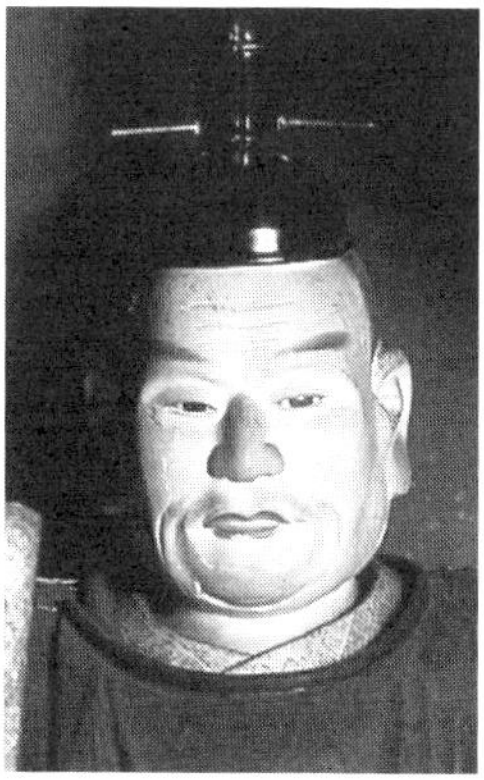

堀直奇

しかし、慶長十四年（一六〇九）、直奇は異母兄弟直清の策謀で国守忠俊に追放されてしまう。長岡城の築城工事は一時中断という形になった。

直奇は徳川秀忠と家康にこの旨を直訴し、翌十五年に駿府城で将軍と大御所の裁きと相なった。結果、直清は出羽国最上へ配流、国守忠俊は改易、配流になった。直奇は家康の側近として駿府城に残った。

その後直奇は、駿府城火災の消火活動、慶長・元和の両大坂の陣などで活躍し、元和二年（一六一六）になって、ようやく蔵王への復帰を果たした。雪解けを待って翌年、念願の長岡城築城工事が再開された。

「牧野様ご当地打入り」の風聞の中、直奇は執念で建築を急ぎ、元和四年（一六一八）一応の完成を見たところで、十万石の村上城主として長岡の地を去った。漁村に過ぎなかった新潟は、この間に港町として整備された。

城下町長岡と港町新潟。この後の越後長岡の風景を考える上で、堀直奇はその基礎工事の役割を果たした恩人だったといえる。

（『ふるさと長岡のあゆみ』参照）

長岡散策

お国自慢 これぞ長岡名物①

長岡自慢の地酒をちょっとだけ紹介

信越の雪解け水を集め、滔々と流れる信濃川の流れ。雪国の清浄な空気。そして良質な米――。長岡にはうまい酒を造るための絶好の条件が揃っている。

長陵 吟醸 八一

新潟県出身の孤高の文人・會津八一先生を偲ぶ酒。穏やかな香りと滑らかで深い味わいが特長。

高橋酒造(株)
TEL0258-32-0181

純米吟醸 良寛

越後禅の文化びと「良寛」の名のとおり奥深い味わいと飽きのこない飲み口。

美の川酒造(株)
TEL0258-32-0607

厳選辛口吉乃川

自然のうまみですっきり辛口。冷やで良し燗で良し、キレよく飲み飽きしない晩酌党の定番酒。

吉乃川(株)
TEL0258-35-3000

越後長岡藩 特別純米酒

新潟県産の酒造好適米「五百万米」のみを原料に丁寧に醸した。「米百俵の精神」ゆかりの地、長岡にちなんだ特別純米酒。

関原酒造(株)
TEL0258-46-2010

お福正宗 金撰

のどごしのよい、まろやかで飲み飽きしない芳醇清酒。

お福酒造(株)
TEL0258-22-0086

越の柏露 純米酒

新潟の米だけを使い、丁寧に醸し上げた酒。

柏露酒造(株)
TEL0258-22-2234

本醸造 越後雪紅梅

精選した新潟米を贅沢に使った本仕込み清酒。伝統の技法を駆使し、醸造用糖類を一切添加しない豊かな味わい。

長谷川酒造(株)
TEL0258-32-0270

じゅんまい 舞鶴

さわやかな味と香りのうまくちの酒。冷や又はオンザロックで楽しめる。

恩田酒造(株)
TEL0258-22-2134

米百俵

長岡の先人小林虎三郎の遺訓を偲ぶ感動の酒。米と水と技術を生かした辛口の味が特長。

栃倉酒造(株)
TEL0258-46-2205

主要販売店は各社にお問い合わせください。

元祖「柿の種」をつまむ。

食べ始めたら止まらない。おつまみに、子どものおやつに、大人気の定番「柿の種」だが、その発祥は長岡にある。

今井与三郎は、明治二十八年（一八九五）、三島郡来迎寺村の裕福な農家の三男に生まれた。しかし、家産が傾き、小学校の高等科を退学。米屋や酒屋で奉公を繰り返した。大正十一年（一九二二）長岡市新町の煎餅屋に勤めて技術を磨き、翌年独立。長岡市四郎丸に、浪花屋という煎餅屋を開いた。研究を重ね、ついに「柿の種」に至ったという。

その完成にはこんな秘話がある。

当初は小判形のあられを造っていたが、ある日金型を踏んづけて、歪になってしまった。換えの金型も間に合わず、仕方なくそのまま製造、商いをしたところ、商い先から「こんなイビツな小判形もない。柿の種に似ているから、そう名づけるがよろしかろ」といわれ、それがさて名前の由来となったそうな。

やがて「柿の種」は全国に知られ、長岡を代表する米菓となった。

浪花屋の元祖「柿の種」は、噛むほどに米本来の味わいがふわっと広がる逸品。伝統の風味をパリポリやろう。

第二章　長岡藩士の機構

お侍の生活ってどんな風だった？　その組織はどうだったの？

1 牧野家臣団

藩には主君のもとに多数の家臣がいる。
長岡藩の場合、「忠孝」がもっとも大切にされた。
つまり、主君と家臣がそのパトスを基に強い絆《きずな》を結び、辛抱という努力のもとに長岡藩が成立していった。

家臣の構成

長岡藩は、有力家臣を中核にし上級家臣団を形成し、ここには新参者が入り込む余地のない家臣構成をしていたから、他藩でみられるような新参登用による確執が少なかった。藩士の組織は、組別にし、寄合組《よりあいぐみ》・扈従組《こじゅうぐみ》を大組、徒士組《かちぐみ》を小組の侍分とし、以下卒の足軽組・町同心組・大工組・長柄組《ながえぐみ》・中間組《ちゅうげんぐみ》・郷中間《ごうちゅうげん》組《ぐみ》とした。

大組は家老がまとめ、小組は奉行が統轄し、ほかは頭をおいた。戦時は家老を侍大将として大組は騎士。小組は徒士戦士。足軽組はその前方に配置、長柄組は最前線で長柄を構え、中間組以下はもっぱら食糧、戦馬などの調達にあたった。

長岡藩の機構そのものは平時でも戦闘体制をとっていたのである。

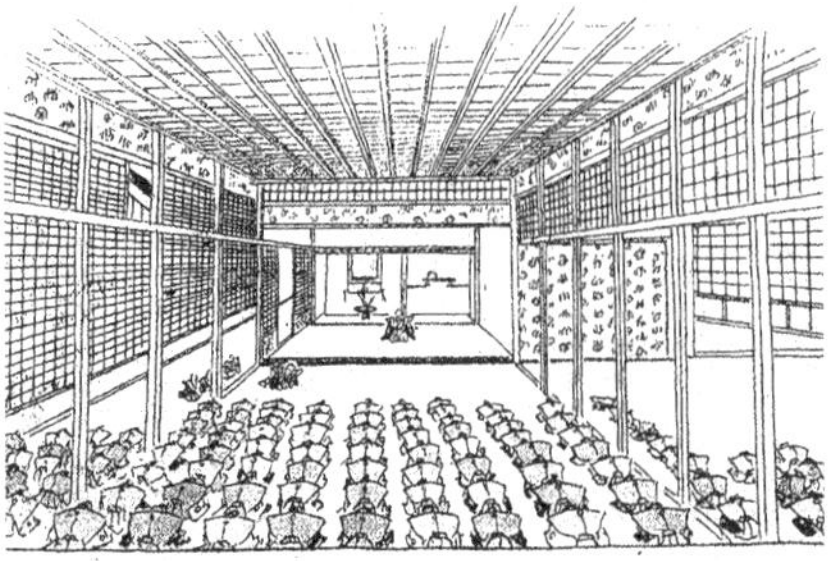

長陵歳時記「諸士歳暮の登城拝謁」の図

五家老

家老は藩主の補佐をし、藩政を担った。

長岡藩には世襲の家老が五家あった。代々稲垣平助《いながきへいすけ》、山本帯刀《やまもとたてわき》、稲垣《いながき》太郎左衛門《たろうざえもん》、牧野市右衛門《まきのいちうえもん》、牧野平《まきのへい》左衛門《ざえもん》を名乗った。特に、稲垣平助、山本帯刀の両家は家老上席を占め、別格扱いで、幕府では御目見得以上の格式を持っていた。御目見得とは将軍に直接会見できる資格を言う。江戸往来のときは、街道途中の関所前を乗馬のまま通行できたという。

禄高は稲垣平助家が二千石、山本帯刀家は千二百〜千三百石、稲垣太

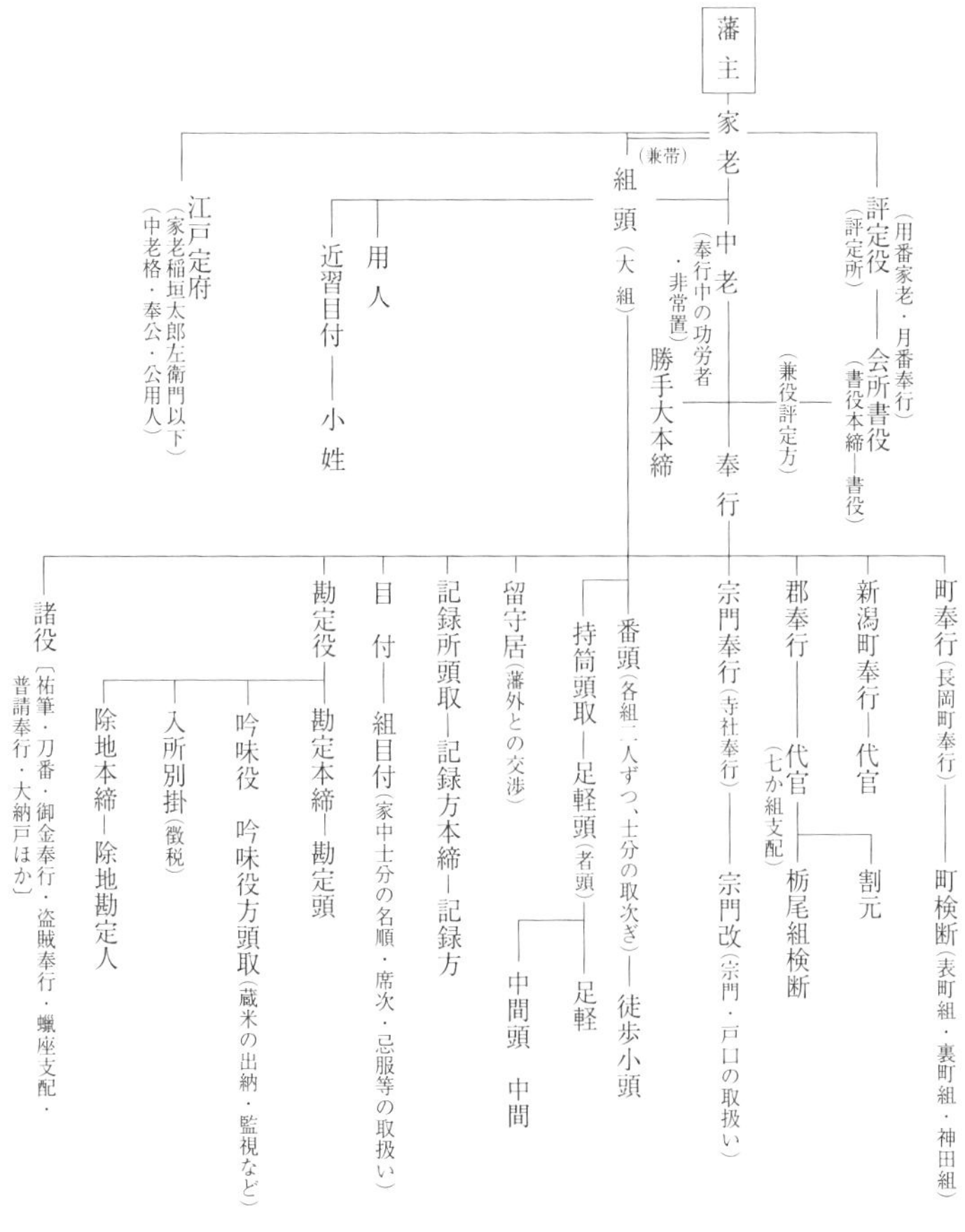

（『長岡市史』上巻から）

牧野家臣団

郎左衛門家は千二百石、牧野市右衛門家は千百石。牧野平左衛門家は七百石であった。

平時においては、評定役《ひょうじょうやく》★の中心として、戦時においては侍大将となった。ただ長岡藩の場合、藩士のなかで優秀な者がいたときには、家老に上げた例がある。それは小出善助《こいでぜんすけ》、三間安右衛門《みつまやすうえもん》と河井継之助《かわいつぎのすけ》である。

筆頭家老稲垣家

二千石の大身《たいしん》★の稲垣平助家は、藩の筆頭家老の地位にあった。戦国期に牧野氏の与力として活躍した稲垣平右衛門長茂をその祖として仰ぎ、長茂の二男、平助則茂がそのまま牧野氏の家臣として残ったことをそのはじめとする。邸は大手門脇にあり、稲垣邸と呼ばれた。稲垣氏は牧野氏が創業時代に辛苦をなめた頃、その保護に当たったので、家臣とはいえ特別な関係にあったといわれる。常に家老職加判★組支配をつとめ、座席は執政の上席に位置していた。

幕末の筆頭家老、稲垣平助重光は河井継之助の台頭により、執政職からはずされ、藩中の異端者として白眼視され、さびしく明治十九年（一八八六）五月二十九日に没している。

▼評定役
政策決定の合議に集まる役職。

▼大身
身分の高い人、高位高禄の人。

▼加判
文書に判を加えるような地位の者をさす。つまり、稲垣家は家老職にあると同時に、加判者の上位にあって、絶対的な権力を持っていたということになる。

山本家の家系

長岡藩の名家山本帯刀家は、永禄八年（一五六五）に牧野康成の補佐役となった家系である。始祖を山本帯刀左衛門《やまもとたてわきざえもん》成行《しげゆき》と称し、その兄に山本勘助《やまもとかんすけ》がいる。山本勘助は三河八名郡加茂の出身。長じて武田信玄に仕えて軍師《ぐんし》★となった。

山本家は牧野家の与力としての待遇だったが、次第に臣下の家老の立場をとるようになった。筆頭家老の稲垣家が代々華美な生活をしたのに比べ、山本家は三河以来の質素な生活を通し全藩士の模範となった家系である。ことに江戸中期頃、山本老迂斎《やまもとろううさい》という傑物を出し「常在戦場の精神」を復活したことで有名。

戊辰戦争の際には山本帯刀を輩出し、のちの連合艦隊司令長官山本五十六もこの家系の出身である。

先法家の三家

長岡藩では牧野氏譜代の家臣中、もっとも名家の三家を先法家と呼んで別格にとりあつかった。槇内蔵助《まきくらのすけ》、能勢三郎右衛門、疋田水右衛門《ひきたみずうえもん》家の三家である。

▼軍師
将に属して、軍略、策略をめぐらす人。

この由来について『温古《おんこ》の栞《しおり》』★は次のように説明している。

牧野家は当初牛久保に住み、牧野新次郎といった頃、真木越中《まきえっちゅう》、野瀬丹波《のせたんば》、疋田水右衛門の三名と特に仲が良かった。ともに徳川家に属し戦功があり、あるとき四名協議して、年長の新次郎を党首とし、賜った二千四百貫★分の地を四分して六百貫ずつ知行した。しかるに牧野は立身し、七万四千石の大名となったが、六百貫分に因み三家をそのまま六百石としていた。疋田の当主は幼少だったからそのままだまっていたが、真木と野瀬は不満で退散した。しかし、牧野は両家の血統の者に能勢、槇家をたてて、ともに先法家と名づけて、家老の支配を受けないようにした。つまり客分扱《きゃくぶんあつか》い★となった。

▼**『温古の栞』**
明治二十年代に発行された長岡の郷土雑誌。

▼**貫**
一貫＝約十石

▼**客分扱い**
特別な扱い。

②支配の役割

領民を支配し、税を徴収し、家臣団を維持してこそ藩が成立する。家臣団の軍事力は独立公国である藩にとって、不可欠なものだったからだ。民政を安定させてこそ、独立が保持できたから、能吏を適材適所に配置し、民政機構の安定をはかった。

町奉行

定員二名。担当は民政一般というものであったが、商業を正し、物価を監督したり、戸籍を調べたりした。また犯罪人の逮捕を指揮した。だいたい、江戸の町奉行と同様なことをしていたが、長岡城下の場合、約一万人に近い町人・職人の生活を管理した。長岡藩の場合、奉行所というものはなく、普段は家老とともに御会所《かいしょ》★または評定所《ひょうじょうしょ》★に出勤し、評定（会議）を行うことを常とした。

町奉行は、町人らを支配するのには、自治組織をつかった。町方には農村と同じように五人組が組織されていた。その五人組のいくつかをまとめるものに町代がいた。

その町代の何人かをまとめるものが町老であった。町老の上に検断《けん》がいた。検

▼御会所
会合や事務所などに使われる建物や部屋。

▼評定所
長岡藩政の決定機関を指し、家老・中老・奉行・町奉行・郡奉行・寺社奉行により構成された地位の者によって評定（合議・協議）がなされた。

断職《だんしき》★は四人で、代々世襲だった。

新潟町奉行

新潟湊は天保十四年(一八四三)の上知★までは長岡藩領にあった。石高は新潟浜村六百石にすぎなかったが、北前船《きたまえぶね》★の発着や、信濃川水運・阿賀野川水運の発達によって、大きな町となった。長岡藩でははじめ代官《だいかん》★をもって管理したが、延宝四年(一六七六)、新しく新潟町奉行を設けて、町政を管理させた。

河井継之助の家系や小林虎三郎《こばやしとらさぶろう》の父も、この新潟町奉行となったことがある。

郡奉行

藩にとってもっとも重要な、農民に耕作をすすめ生産を司《つかさど》った役目。郡《こおり》奉行は藩士のなかから有能な人材を抜擢し、農業生産の増収をはかるよう指導する役目であった。年貢★の徴収や、賦役★の督励など、村方の支配を担当し、ときには訴訟を裁判することもあった。

定員は三名で、石高はおよそ百石前後の藩士がなった。ただし、慶応の改革を

▼検断職
長岡藩では、町役人の総括役。長岡城下には草間・太刀川・宮内・小林の四家の検断職がいた。検断職の下に町老・町代がいた。

▼上知
79頁参照。

▼北前船
日本海航路の廻船集団。

▼代官
大名に代わり年貢収納やその他の民政を司った者。

▼年貢と賦役
年貢は田畑屋敷に賦課された基本的な農民負担。賦役は夫役ともいい、労働等による農民の義務的な負担をいう。

推進した河井継之助登用の場合は、一名増員し採用された。そのため、従来の郡奉行役以外の新しい改革を断行することができた。

代官

郡奉行の下に代官がいた。上組と北組に三・四名ずつ。栃尾・川西(西)・河根川・巻組に二・三名ずつ、曾根組には一名置き、巡回し、村方を支配した。蔵屋敷を代官所と称することもあったが、農民からの納税を司った。ときには訴訟を裁断したが、代官が一番怖れていたのは、農民一揆★で、もし管内で発生すると責任をとらせられた。

だいたい、知行高二十石から四十石の軽輩藩士が担当した。

▼農民一揆
農民の反乱。

③ 藩士の生活

藩士やその家族たちの生活は、有事に備えて、辛抱の毎日を送るものであった。藩の危機がいつおとずれるやもしれないということ、念頭に入れて生活していたのである。だから、質素倹約を宗とし、奉公一途の生活を送るように心がけた。

家臣の数が財政を圧迫する

知行高に比べ、家臣を数多く抱えれば、藩財政が圧迫されるのは当然である。長岡藩は収入に比べ、多くの家臣を抱えていたといわれている。つまり、表高に応じて家臣を抱えることを通例としていたが、常識を超える召し抱えをしていたのだ。

当初、七万四千石を拝領した際は、士分は二〇三人であった。足軽以下の人数もそう多くはなかった。三代藩主牧野忠辰時代までに、新田開発がすすみ、実収高があがり、芸能者★を採用しはじめると、途端に藩士の数が多くなった。

それも禄高二百石未満の侍が九〇パーセント近かった。

▼芸能者
能役者や技術者（武術者も含む）

藩士の採用

藩士の新規採用は、藩主の許可が必要だった。当然藩主の力量・識見が問われる。

長岡藩が家臣の数を急激に増やすのは、三代藩主牧野忠辰の治世の頃である。新田開発の効果があがり、実収高も増加したことにもよるが、忠辰が芸能者をさかんに採用したことが大きな要因だ。忠辰は能楽をたしなみ、能役者を採用したり、武術の練達者を長岡城下に住まわせたりしている。また技術を持つ者、有能な者をどしどし採用し、豊かな長岡藩をつくりあげた。まさに人材による立藩を目指した。

その一方で無能者にはきびしく、また失敗者などにも厳しい処罰を断行した。そのため、切腹などで責任をとらせられる藩士もでて、厳しい藩法となっていた。

武士の改易

世が泰平となると、いろいろな事件が起きる。幕府の旗本《はたもと》でも不埒な者がでて、

	2000石以上	1999～1000	999～500	499～300	299～200	199～100	99～30	29～20	計
寛永15年	1	3	8	20	49	116	39	27	263
寛文年間	1	1	7	11	53	116	125	179	493
元禄2年	1	—	7	11	44	110	130	183	486
宝永4年	1	2	7	14	36	120	166	178	524
安政6年	1	3	3	17	32	126	282	70	534

長岡藩における藩士の登用人数

改易《かいえき》★になったり切腹させられる犯罪者がでたことが知られている。

では地方の藩には、そのようなことはなかったかというと、案外多い。質実剛健を旨とした長岡藩だからこそ起こった刃傷事件もある。

長岡藩ではやはり改易が多い。

その一番の理由は忠義を怠ったからというものだが、家の主人の遺体を確認できず改易になった例がある。長岡城下の近くに信濃川が流れていて、侍は夕方釣りに出かけた。そこで、深みにはまっておぼれ死に、遺体が流され、発見できなくて改易になったのだ。武士は主君の馬前で死ぬものだと教えられていたから不慮の死は恥ずべきことだとされたからであろう。

改易や退散★などは一年に四件程度発生していたから、武士の生活も安穏としたものではなかったと考えられる。

貧しさに耐え奉公する

藩士の禄高どおりに、米が配分されるわけではなかった。藩士が受ける知行に対して、実際に支給される石高を宛行《あてぎょう》という。長岡藩の場合、はじめ百石につき、米四十八石を支給していたが、財政の圧迫や災害、藩主の外交費支出などで、次

▼改易
武士に罪があったとき科せられた刑罰。主君との主従関係が断ちきられ、家臣としての身分や封禄も取り上げられ、家屋敷も没収。家も断絶するという厳しい制裁。

▼退散
武士が家臣の身分を捨て、藩から逃亡をはかること。

第に下がってくる。

百石につき四十石になった頃はまだよかったが、享保十三年（一七二八）には二十石、宝暦十二年（一七六二）には二十四石六斗となったこともあった。その分、薪炭や、油荏《ゆとう》★などの支給を増やしたりしたが、武士の生活が苦しくなったことは確かである。

特に禄高の低い武士の生活は一層苦しくなった。そこで藩は、七十石以下の士分には割り増し米を支給して救済をはかった。

長岡藩士たちは奉公という大義名分のもとに、貧困を貧しいと思わずくらす生活をしていた。

▼油荏
菜種油のこと。

右京柄騒動

嘉永《かえい》二年（一八四九）には長岡藩の借財が二十三万両。藩主が老中職にあって、出費がかさむのと、天保十四年（一八四三）の新潟上知《じょうち》★によって、税収入が激減した。そこで藩では藩士の生活に節倹を強いた。嘉永五年（一八五二）、まじめに奉公しようと励む足軽と衝突した右京柄騒動《うきょうづかそうどう》が起きた。それは十代藩主牧野忠雅が「足軽以下の刀の柄は糸巻きだと費用もかかるだろうから、右京柄にしたらよか

▼上知
あげちともいう。江戸時代、幕府が大名領・旗本領を没収すること。新潟上知については124頁参照。

ろう」という一言で始まった。実は高崎藩では松平《まつだいら》右京《うきょう》太夫《だゆう》輝和《てるかず》という藩主が、藩士に右京柄の刀をもつように指導し、侍の負担を軽減させて喜ばれていた。右京柄とは刀の柄の部分を塗り木地にしたもので糸巻きよりも安い。倹約に効果があったので、これを広めた殿様の官名をとって、「右京柄」と名づけた。

この決定に憤慨した長岡藩足軽組の四五三名が反対運動を展開した。足軽の言い分は、「右京柄では合戦の折、血が手に入り、そのためすべりやすくなるから十分な働きができなくなる」というのである。この請願に対し、者頭《ものがしら》★（物頭）たちは、なにぶん藩主の命であるからと無視をした。そこで、足軽たちは、一斉に番所詰《ばんしょづめ》めや諸作業を放棄してそれぞれの屋敷に引き籠った。

そして、七月八日下足軽町《しもあしがるちょう》にある勝軍寺《しょうぐんじ》境内《けいだい》にそれぞれ晴れ着を着用し、大小の刀を腰に差して集まった。そこで、「われわれの願いが取り上げられなければ、一同暇をたまわって浪人となる。それも許されぬならば、武士道により、切腹する」と連署して足軽帳付役《あしがるちょうつけやく》★の西方金次兵衛《にしかたきんじべえ》・大竹次右衛門《おおたけつぐうえもん》が頭取《とうどり》★になって請願し、代表はそのまま勝軍寺に立て籠った。

藩では者頭役を一八人出張させて説得したが、足軽たちは聞き入れなかった。そこで藩主菩提所の栄涼寺の住職が仲介して、刀の柄はそのまま、ただし、新調する際は、右京柄にすることが決められて終結した。また、騒動の罪も一切問わ

▼者頭
物頭ともいう。歩兵や足軽部隊の指揮官。足軽大将ともいう。のちに職制化され、弓頭、鉄砲頭、同心頭なども者頭と呼んだ。

▼足軽帳付役
今でいう書記。

▼頭取
代表

れないことになった。同年七月二十二日に無事解決し、足軽たちの名誉が守られた事件だった。

慶応の禄高改正

慶応四年(一八六八)三月一日、執政河井継之助の意見により、禄高改正が発表された。これは二百五十年間守ってきた秩禄《ちつろく》(禄高)を見直そうとする画期的な改革だった。

藩士総登城のなか、先代の藩公も出座《しゅつざ》★のなか、用番★家老稲垣主税《いながきちから》が河井継之助の改正案「御意書取」を読み上げた。

!「当分不容易の形勢に立ち至り、慨歎に堪えず、ただただ恐れ入り候事、このときに当たり、疎才薄徳の我ら何を以って奉公致すべきや。ひたすら一統の力に依頼し、人心一和ともに忠勤いたしたく。よって、まず銘々先祖の功労につき、俸禄厚薄これあり。分限に応じ、軍制も御立て置かれ候えども、今般、兵制改革揮て銃隊に組み立て、いよいよ強兵の実を更張せしむたく決心の上は、事に臨み、身命を抛ち候は、貴賤同体の義、上下苦楽を同じく致し候わんば、自然一和の筋もこれなく事につき、大身の面々難渋致すべくと深く斟酌、気の毒には候え度も、

▼出座
上段の間に主君が座り、家臣たちを前にすること。

▼用番
当番。だいたい一月ごとに変わった。

▼天下の形勢は大政奉還などによって変わり、長岡藩にとってもなげかわしいものである。ただただ恐れ入る次第だ。だが、このときであるからこそ、我らは奉公を大切にしなければならない。長岡藩は上下とも一致団結して忠勤に励むことにしようではないか。ついては、我らは先祖の軍功に応じ、禄高が違う。その禄高によって軍制が成立していたが、今は兵制改革によって、西洋式の銃隊を組織することになった。これによって強兵の長岡藩をつくることが大切であるし、我々も身分をなげうつ覚悟が必要だ。この際、長岡藩は上下、貴賤問わず一体となって一致団結しよう。

是までの宛行高増減改制、家風一洗致したく候間、主意厚く相弁え、非常の立居忠勤いたすべく事」

これにより、減高のものは、二千石が五百石に減ったのをはじめ、百石を基準に平準化され、百石以下の者は増高した。

第三章 長岡城下町

三階櫓の立派なお城。かつての城下町のたたずまいを思う

①城は長岡藩のシンボル

十三の隅櫓《すみろ》と十七の城門を持った長岡城。曲輪《くるわ》には籾蔵《もみぐら》が並び、城内は松の樹が茂っていた。城内には役所もあったが、一番の象徴は三階櫓と本丸御殿だった。長岡藩士はそんな長岡城に深い愛着を持っていた。

三階櫓の天守

封建領主にとって、城は軍事施設であるばかりでなく、領主やその家来たちのシンボルとして必要なものであった。城郭は堅牢であることはもちろんだが、美観を兼ね備えた構えは、藩の象徴となるものであった。その城郭のもとに商工業者を住まわせて、地域の政治・経済・文化の中心として町を形成させた。

水島爾保布画「長岡城之図」

城下町の出現である。城下町には藩士の屋敷と、町人・職人たちの町屋があったが、それぞれ区割りされて支配の統制がなされていた。長岡藩の長岡城は平城《ひらじょう》★であった。信濃川の巨大な中洲につくられた。城の周りには武家屋敷があり、町人町が整然と軒を並べていたが、その外側に川があり、堀の役割をしていたので、まるでヨーロッパの城郭都市のような観があった。その城下町には、武士とその家族八千五百人余り、町人・職人約八千人、計一万六千五百人余りが住んでいた。

　梯郭《ていかく》式★の長岡城には、本丸・二の丸・三の丸、曲輪《くるわ》、そして詰の丸があった。別名を八文字構え浮島城とも、兜城ともいわれた。八文字構えとは、城の正面にあたる大手口門（大手門）と神田口門があたかも兜の鍬形のように八文字に開いたことから命名されたとある。浮島は、地形が信濃川の中洲の浮島のようであったということからの命名である。

　城の規模はおよそ一キロメートル四方。城門は十七カ所。隅櫓《すみやぐら》は十三もあった。そのなかで一際高くそびえていたのは本丸の西北の隅にあった三階櫓《さんがいやぐら》である。三階櫓は八方を見通せる位置にあり、また構造的にも八方正面の櫓であったから、長岡藩のシンボルというものであった。その箱棟の両端には鯱《しゃち》が輝いていた。地上より櫓上まで六、七丈、土塁があったので、一際高く優華であったという。

▼平城
平地に築かれた城。領国経済の中心機能を果たすため、城の周りに城下町がつくられた。

▼梯郭式
平城でほぼ四角の城。

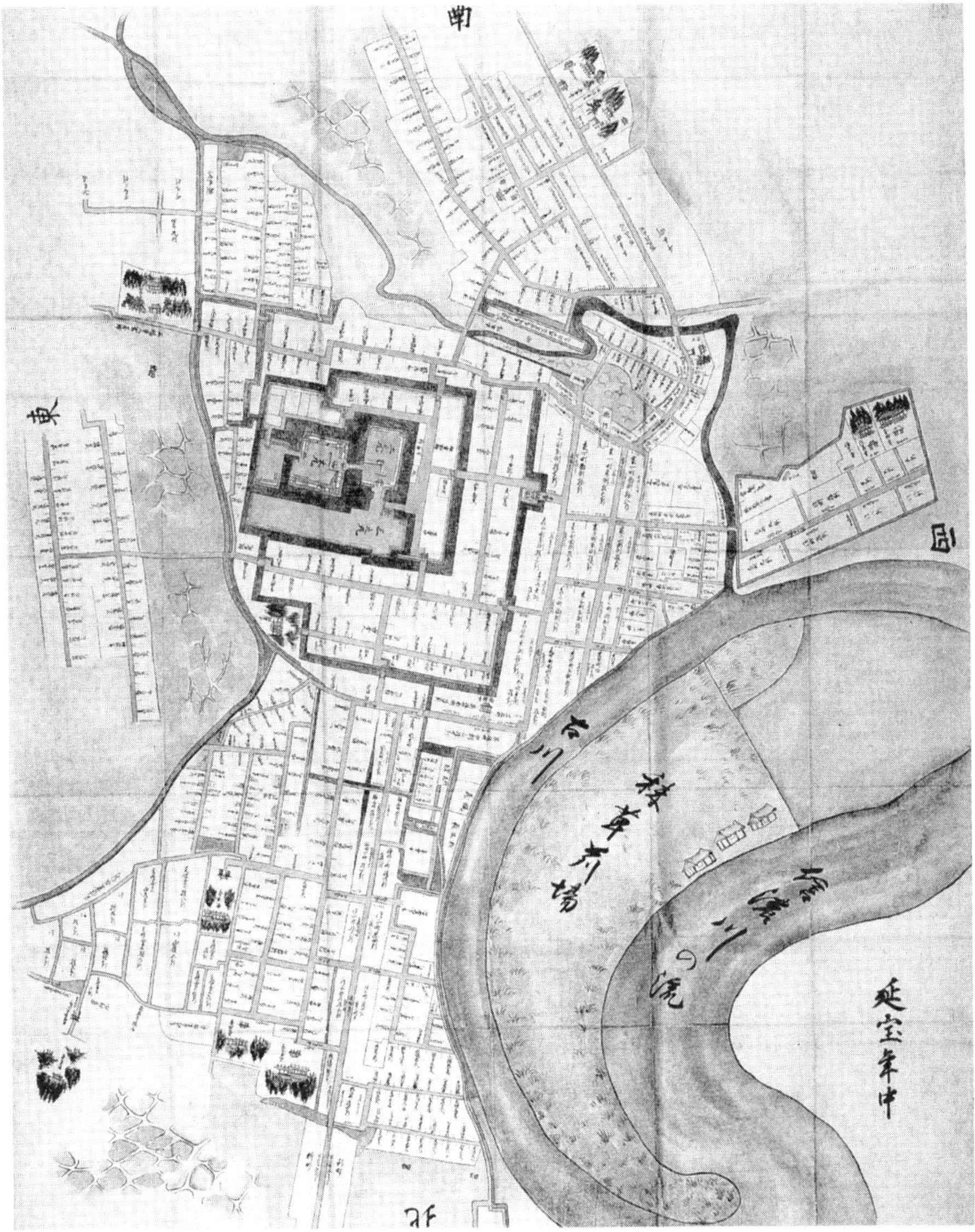

延宝年中長岡町割絵図

白狐が長岡城をつくったという伝説

長岡城の築城は、牧野氏入封以前である。長岡の近くの蔵王堂城主《ざおうどうじょうしゅ》堀氏の時代に始まっている。その始まりは慶長十年(一六〇五)と元和三年(一六一七)の二つの説がある。長岡町検断職《けんだんしき》★の草間家文書《くさまけもんじょ》では、慶長十年に堀が長岡町のきわにあったことが確認されている。この頃蔵王堂城主は堀鶴千代という少年であったが、その後見を堀《ほり》直寄《なおより》が行っている。元和二年には堀直寄は八万石の領主として蔵王堂城に入っているから、いずれにしても、堀直寄が長岡築城を手がけたことは確かである。

その築城にあたって、一匹の白狐が大きな役割を果たす。だいたい築城には、奇瑞《きずい》の伝説がつきものだが、長岡城の場合、雪原にピョンピョンと飛びまわる白狐が、縄張《なわば》り★をしたというものだ。

普請奉行《ふしんぶぎょう》の奥村九左衛門は、ある早春の朝、築城予定の平潟原《ひらがたはら》に行った。

そこは一面、雪におおわれていたが、一匹の白狐があらわれ、一本の長い苧《お》をくわえ、やがて、その苧を引きずりながら、はねまわっているのを見た。奥村が、その苧のあとをたどってみると、なんとそれは城の縄張りになっていたという。

奥村はこれを奇瑞だとして、綿密に設計図を描き、城の築城工事にかかったとある。長岡城を別名苧引形兜城《おびきがたかぶとじょう》といったが、これは、そのときの白狐の啓示に感謝したものだと伝えられている。

イラスト・ふなびきかずこ

城は長岡藩のシンボル

▼検断職
74頁参照。

▼縄張り
城の曲輪をいかに配置し、堀、土塁や石塁をどう設けるか、その設計を縄張りと称した。

本丸御殿に行き着くまで

長岡城は西向きにつくられていた。つまり、一番大きな大手口が、信濃川のほうにあった。もう一つ大きな出入り口の神田口は、信濃川に向かって東北方向に開いていた。城は中心部に本丸・二の丸があり、三の丸が長方形で北側にあり、西・南部の曲輪が本丸・二の丸をとり囲んでいた。本丸の裏には詰の丸があった。城郭の規模はおよそ一キロメートル四方だとみてよい。本丸には、藩主・家族の住む本丸御殿があったが、藩士たちがそこに行き着くまでは一苦労であった。町口門から入城すると、家老屋敷の前を通り大手門に行き着く。大手門から馬場に出て、二の丸の堀のきわを歩き、二之門から二の丸に入りお引橋《ひきばし》を渡って、ようやく本丸に至るというものであった。本丸御殿へは橋口門から九間門を通ってようやく行き着くのである。途中、何人もの番士にとがめられるから、本丸入城は容易ではなかった。長岡藩は、年末・年始の総登城を含め、何か通達等の際は、本丸御殿に集められることが多く、屋敷が城から遠い藩士は朝早くから知己のところに行き、そこで用意を整え登城したと伝えられる。

←天保 11 年の城門配置図　①高橋口門、②町口門、③神田橋門、④坂之上門、⑤神田口門、⑥大手門、⑦千手口門、⑧作事所、⑨二之門、⑩二之丸門、⑪橋口門、⑫九間門、⑬棟角門、⑭塩門、⑮太鼓門、⑯観光院門、⑰皀角（さいかち）門、⑱四郎丸口門、⑲武器役所、⑳お引橋、㉑本丸御殿（『長岡市史』上巻より）

三の丸には役所が集中していた

長岡城で三の丸と称されるのは、縦百間余り、横三十三間の北の曲輪をさすものであった。ただ馬場を含めた西の曲輪、御会所を含めた南の曲輪、籾蔵《もみぐら》を含めた東南の曲輪も三の丸といえるものであったのだろう。長岡城は梯郭式城郭の典型的な平城であった。

その三の丸というべきところには長岡藩の藩政を司る役所が集中していた。作事所《さくじしょ》、武器役所《ぶきやくしょ》などの軍事を司る役所、御会所、勘定所、御詰蔵などの民政、蠟蔵などの非常用備えの公共施設があった。作事所は、土木工事、公共施設の建設・保護などの作事場であり、武器役所には細工場（武器製造工場）も付属していた。御会所は家老・奉行・宗門奉行・郡奉行・町奉行たちの評定役が集まって政務をとり、勘定所は勘定頭が中心となって藩財政を管理していた。いわば三の丸は長

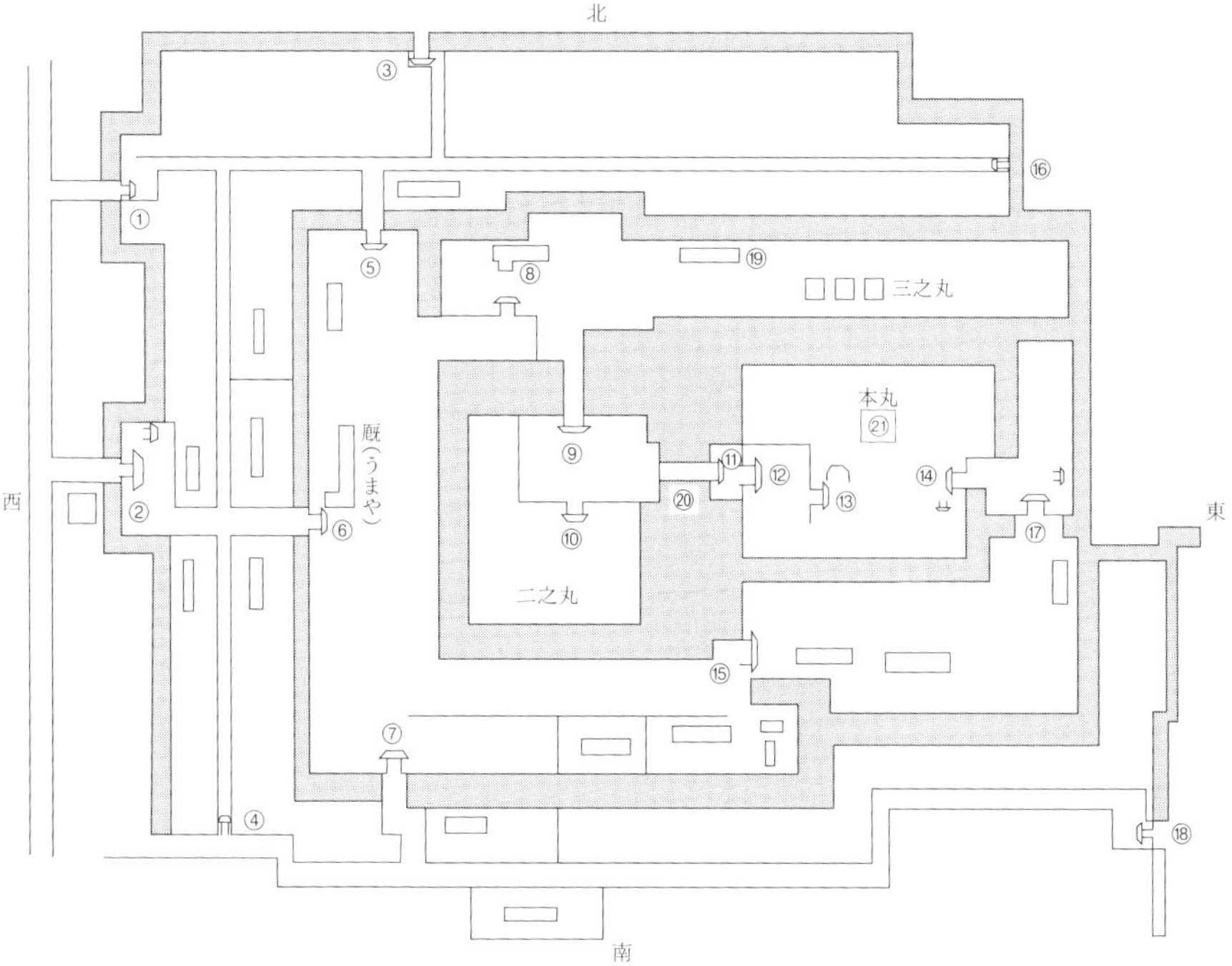

岡藩政の中枢機関が集まったところであった。

城門の役割

長岡城には一三の隅櫓と一七の城門があった。城門は城のなかでもっとも堅固にできている。戦いの際、城門の防備が最重要課題であったから、当然城門の周りには重臣を配置した。たとえば、大手門の三方には稲垣平助、山本帯刀、牧野平左衛門の三家老屋敷があり、町口門の内側には家老の稲垣主税と重臣の花輪屋敷が配置されていた。千手口《せんじゅぐち》門には中老の疋田水右衛門。神田口門には家老の稲垣太郎右衛門や老職の保地《ほち》九郎右衛門《くろうえもん》、名児耶《なごや》軍兵衛《ぐんべい》の屋敷があった。このように、城門は隅櫓とともに城の重要な施設であった。長岡城城門は、本丸から西の正面に枡形の九間門、内堀口の冠木の橋口門、二の丸の二之門、中央口の大手門、町口門。城の北方に高橋口門、南方は内堀と中堀の中ほどの外曲輪《そとくるわ》から南曲輪に通ずるところに太鼓門があり、外曲輪から外堀の入り口に千手口門、東方は本丸から塩門、さいかち門、北方には観光院門（桜門ともいう）から中堀口に神田口門、そこを出て神田橋門、南東の外堀に四郎丸口門があった。

家中屋敷

長岡藩の家中屋敷割り図を見ていると一部の藩士を除いて長岡藩二百五十年間、同じ屋敷に住み通せたという家臣は少ない。むしろ、職制や禄高の増減などによって移転した家臣のほうが多い。それは、中級クラスに多く、禄高百石前後の藩士は時あるごとに屋敷替えをさせられていた。たとえば、河井継之助の家が代々長町《ながちょう》の一角に屋敷を構えるのは享保以後のことらしく、それ以前は禄高の増減によって屋敷が転々としていたらしい。また幕末の小林虎三郎に至っては、はじめ河井継之助の邸の前に住んでいたものが、父又兵衛の新潟赴任に伴い屋敷を返上し新潟町へ移住し、父が新潟町奉行を辞職してくると、長町でも稽古町寄りの屋敷を拝領した。また、そこの邸が文久年間焼失すると、今朝《けさ》白《じろ》に移っている。質撲剛健であったという長岡武士は、これでは調度品などは整えられず、質素な生活をして、いつ移転命令がきてもよいよう覚悟をしていたという。

戦争で城がなくなった

七万四千余石牧野氏のお城は、その石高に似あわず規模の大きな城であった。しかし、現在長岡藩のシンボルであった長岡城址は存在していない。戊辰戦争の落城の際、ほぼ建物は焼失したというが、では堀くらいと思うが、それも全くない。長岡城の面影を現在長岡市ではみつけることができない。なぜ長岡城が消滅したのか。第一に戊辰戦争の際、最初の落城、奪還戦、そして再び落城と、三度の戦いであらかた焼失してしまった。焼け残った二つの隅櫓と二つの城門は近郊の豪農に売り払われている。敗戦後、長岡藩士とその家族を飢餓が襲った。そして、明治三年(一八七〇)十月に長岡藩が廃藩となり、城は柏崎県の管理地となった。そこで有志が柏崎県に願い出て開墾し田畑に変えた。また一部は学校や役所の用地となった。のちに城址は陸軍省へ移管されることになったが、旧長岡藩主牧野氏の私有地としてみとめられて、そのまま残された。そこに明治三十一年(一八九八)、北越鉄道《ほくえつてつどう》が城址を横断し、駅舎ができて市街地が形成されることになった。

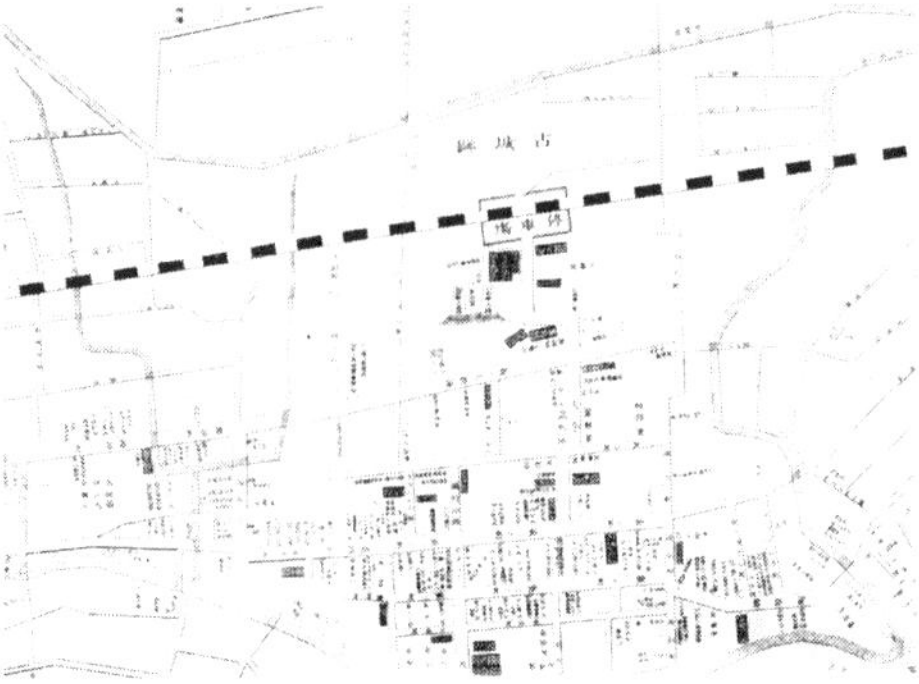

明治31年の長岡町街図

②長岡城下のたたずまい

城下町には武家屋敷などの武士の町と町人町・職人町があった。

武家屋敷には、必ず欅《けやき》・松・杉・桐の樹があり、また栗・梅・柿・棗《なつめ》の木が植えられていた。

鬱蒼《うっそう》とした森が城下町には数多くあった。

長岡城下町

約一キロ四方の長岡城を中心にし、南北に長い城下町が形成されていた。城の周りには、武家屋敷があったし、町人町・職人町ははっきり武家屋敷とは区別されていた。南北の端には足軽・給人《きゅうじん》★屋敷が建ち並んでいた。その両方の行き来は制限されて木戸があった。武家屋敷はまた、家中屋敷と足軽・給人屋敷に分けられ、その規模や体制などが違った。家中は侍。足軽・給人は、足軽、中間、小者、長柄者などである。家中を士分、足軽以下を卒といった。町人町は、町役人の検断職を中心に各組、各町内で自主的な自治をしていた。その検断職は代々世襲制で、草間、太刀川、宮内、小林の四家が取りしきっていたのである。町割《まちわ》りは、道を中心に同一町内がまとまり、町会所があった。町役人は、検断職の下に

▼給人
中間・小者・大工などをさす。

町老、町代と続き、その秩序はきびしかった。ただ幕末も近づくと長岡藩の方針で検断格、町老格、町代格という格式を与え差別化し、統制する傾向があらわれている。町には城下町独特の風情も萌芽し、上品な菓子をつくるお菓子商が店舗を開いていた。

侍の子ども

侍の子どもたちは春になると、いろいろな遊びを通して、身体の鍛錬をした。たとえば三月三日は女性の節句であったが、男子はこの頃から土手廻りと称して、城下にある土手をめぐってくることを日課とした。土手の多くは信濃川の洪水を防ぐものであったが、男子は城岡《じょうか》の土手、草生津《くそうづ》大工《だいく》土手《どて》に遊歩することを楽しみとしたという。土手廻りをしながら民政の実際を知ることにつとめたのか、各町内の少年たちが三々五々集団で歩く姿は長岡城下の風物詩であった。

また、このころより凧を揚げて子どもたちは遊んだ。また野遊びも盛んとなり、中島・草生津河原・蔵王河原まで出かけ、ひばりの鳴く声を聞き、たんぽぽ・すみれの花を見、また、土筆・餅草などを摘んで楽しんだ。四月に入ると用水路や小川に出かけ魚をとった。

片山翠谷画「児童杭打遊び」

五月一日から六日まで、夕方七つ時までは馬の乗りまわしがあった。侍は馬をひき出し、御厩《おうまや》より上って長町《ながちょう》通りを経て、正覚寺《しょうかくじ》裏門前より神田町《かんだまち》に出て、関東町《かんとうまち》・呉服町《ごふくまち》・表町通《おもてまちどお》り・上横町《かみよこちょう》・裏町《うらまち》・柳原町《やなぎはらまち》・千手町《せんじゅまち》・観音小路《かんのんこうじ》を通り、追い回し橋を渡って御厩に帰ってきた。侍が乗馬し、背に小旗をかつぎ疾走した。町人たちはその様子を見物し、一頭一頭通りすぎる侍と馬に声援を送った。

また、このとき家中では幟《のぼり》に鍾馗《しょうき》を描き、武者人形・鎗・長刀などを飾った。また、町屋でも分限に応じ、大小はあれどもたいがい、大幅の木綿に和漢の武士絵・仙人などを描いて立てている。

土用の丑の日のころ、千手町の足軽の子どもたちは、長岡藩領で一番高い鋸山に登り帰ってくる。そのとき、汗をかいたまま、信濃川の川風の吹く大土手に行き、風に吹かれたという。これを着干しといい、風邪をひかない鍛錬をしたと伝えられる。

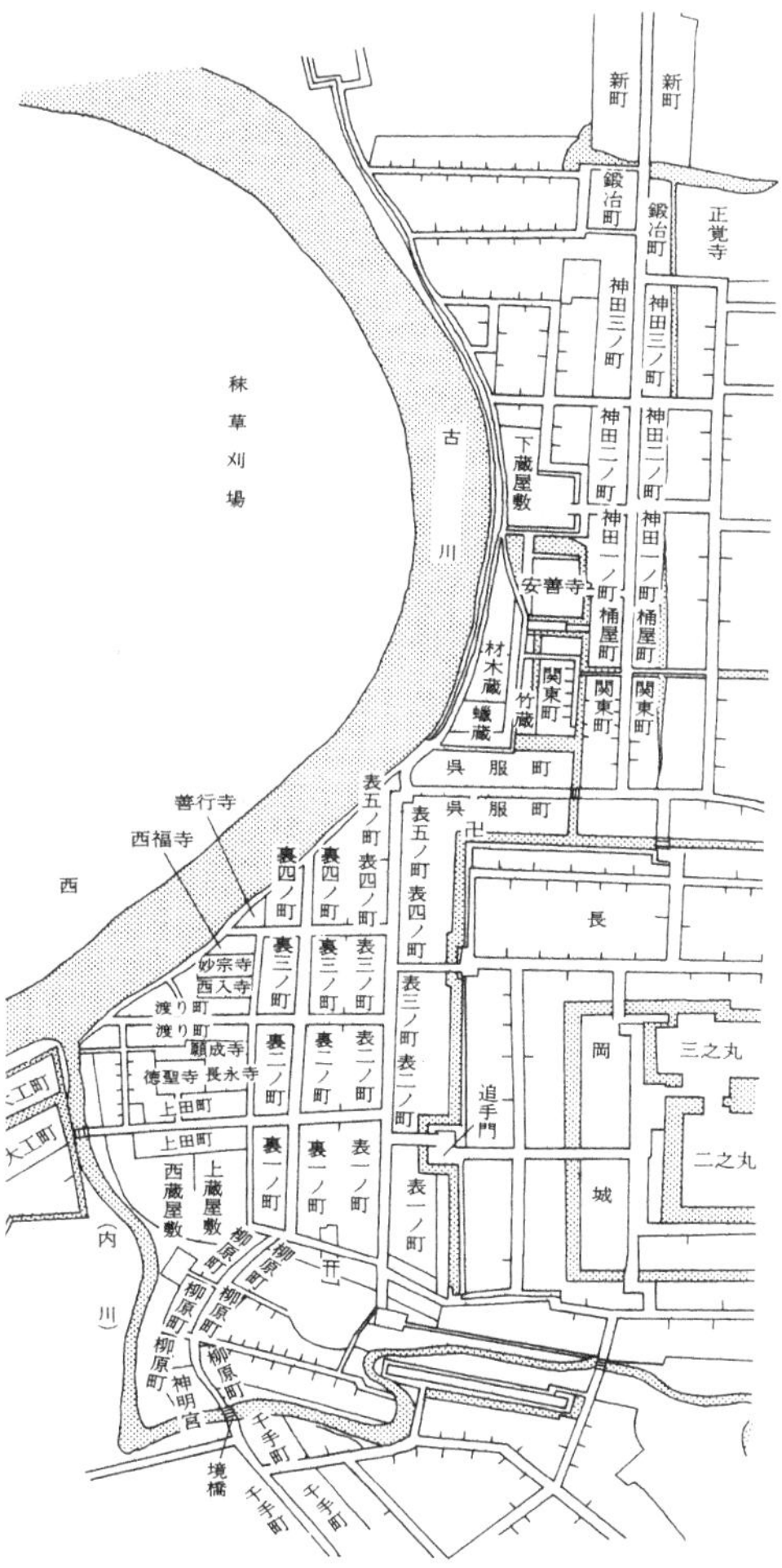

長岡城下の町人町の図(『長岡市史』上巻から)

③ 藩校崇徳館について

長岡藩校の崇徳館が開校したのは、文化五年(一八〇八)のことであった。

それ以来、藩校から輩出した人材が、藩政の中枢に位置し、改革を断行していくことになる。

そんなななかから改革者の河井継之助、小林虎三郎が出てくる。

崇徳館

長岡藩の藩校を崇徳館《そうとくかん》という。崇徳という命名の由来は伝わっていない。ただ、『礼記』などに徳を崇ぶとあるから、単刀直入の儒学らしい表現を採った命名ということになろう。そもそも藩校は何のためにあったのかを考えると、それは有為な人材を育てることが、藩政の興隆と存続につながると考えたからだ。それには儒学のいう礼儀・仁義・忠孝など人として守るべき秩序を重んずることが大切だと各藩の為政者が考えて藩校を創設させていったのである。長岡藩も、文化五年(一八〇八)四月二十八日、九代藩主牧野忠精によって藩校崇徳館が創設された。

藩校はエリート養成所

長岡藩の場合、藩校の出身者が藩政の評定役（執政・参政）となることが不文律となった。普通封建制にあっては門閥の家老や奉行が評定役となって合議をし政務を執る。しかし、藩校が創設された以後、藩校で優秀な成績を得た者が、評定役に任命されることが多くなった。この傾向は幕末に近いほど顕著となり、家格の低い藩士も、優秀な成績をおさめれば昇進できることになった。たとえば、安政の改革を推進し、慶応の改革では河井継之助のもとで辣腕をふるった村松《むらまつ》忠治右衛門《ちゅうじうえもん》は軽輩だったが、藩校助教からの抜擢だった。村松は家格の慣習をやぶり、郡奉行や勘定頭の地位に昇り、藩のエリートの一人となった。藩校の設立は、実力主義を長岡藩に根づかせることになった。

また門閥出身の子弟も藩校に入り、それなりの成績をあげないと評定役になれない慣習も生まれた。たとえば、幕末、河井継之助とともに長岡藩政をリードした花輪求馬《はなわもとむ》や三間市之進《みつまいちのしん》は、門閥出身であると同時に、藩校出身の成績優秀者であった。

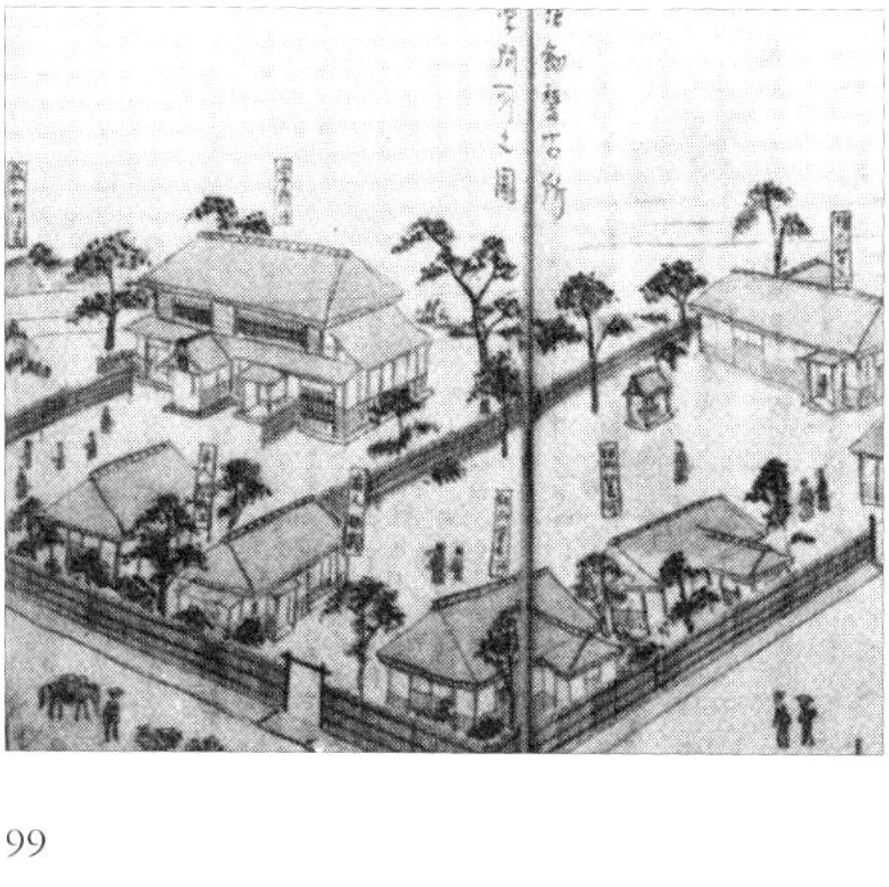
藩校崇徳館

試験があった

試験には応命読《おうめいどく》と応命講《おうめいこう》があった。応命読は主に素読生に課せられた試験だが、藩主、家老などが見守るなかで、指定された教科書の一節を読む試験である。教科書は、素読生では四書五経、唐詩選、古文前後集文選などが使われた。指定された一節を読み切り合格した者には、四書の場合金二朱《しゅ》、五経が金三朱、文選が二分《ぶ》、唐詩選では一分《ぶ》がほうびとして与えられた。

また、応命講は主に質問生に対しての試験だった。質問生の教科書には小学、近思録《きんしろく》、四書五経、左伝《さでん》、史記《しき》、漢書などが使われたが、そのなかで課題を与えられ、藩主・家老等のまえで講義を行った。藩主の御前において、選ばれた質問生に対し家老または藩校の都講（校長）が無作為に出題し、講義を行わせるというものであった。終了と同時に講義のなかの矛盾や知識の深さなどについて藩主・家老が疑義を質した。それに答えられなければ及第とならない。

まさに学問の実力を判断する試験で、応用力を養うことができた。及弟すると四書の書籍が賞与されたが、それは藩のエリートとしての出発でもあった。

勉強方法と教授方

藩校の職員の筆頭は書籍掛である。すなわち、図書の管理をする人物が頂点に位置していた。位は番頭《ばんがしら》か足軽頭であったというから上士階級が務めていた。校長である都講は目付格《めつけかく》で二名、教頭である督学は中間頭格《ちゅうげんがしらかく》で二名、教授四名、助教一二名、監事で教職員が構成されていた。教員は身分にかかわらず、学問に秀でた者を任用したから、家格の低い者、つまり持ち高五十石以下は就任後二カ年で二人扶持★、家督を継いでない総領は三カ年で二人扶持、八カ年で五人扶持、二男・三男は八カ年で二人扶持を給与された。

つまり、学問ができさえすれば、出世の機会と藩士として一人前の待遇が得られたのである。だから生徒のなかで優秀な者は、教授・助教に任用された者が少なくなかった。生徒は素読生、質問生に分けられ講義の時間は朝の八時から正午まで。また、都講の講義は午後から毎月六回行われた。教授は毎日担当し、助教は素読のみを受け持ち、毎日授業した。生徒の論講は毎月六回あり、詩文会が二回、素読試験が月二回行われた。夜学は午前〇時までとしたが、これは生徒の自由に任せた。

▼扶持
一人扶持は長岡藩では一年間に三俵半を支給される者。

藩校と私塾

藩校は試験で生徒に優劣を競わせた。しかも、その成績が出世の機会となったり、藩政のリーダーへの登用やひいては禄高の増減・家格の上下に関わってくるとなると、藩士の家族は俄然張り切ることになる。また、素読生は十五歳までに修了し質問生に移らないと退学になったから、親は子に素読を教え、また、私塾に通わせることにした。私塾といっても、崇徳館の教授・助教の屋敷に通わせたのである。

教育熱心な親になると、都講や督学・学者の家に通わせたという。たとえば、幕末の藩政改革を断行する河井継之助は、家が百二十石の家禄の出身だが、教育熱心な父母によって儒学を崇徳館の都講山田愛之助《あいのすけ》と高野松陰《たかのしょういん》の両先生から受講したことで、大いに学才をあげることになった。

勿論、昼は藩校崇徳館に通い、午後や夜学を都講の屋敷で勉強するという毎日だった。それを私塾と呼べるかどうか疑問だが、藩校の子弟教育は、親の熱意の善し悪しで決まったという。

藩学と官学

幕藩体制は朱子学を重んじ、その思想を体制のなかに組みこんだ。林大学頭《はやしだいがくのかみ》を頂点とする日本の儒学の学風を朱子学とし、慶長以来の文教政策とした。朱子学は幕藩体制を維持するのに好都合の学問であった。ところが江戸時代も中期をすぎるころから、封建社会が揺らぎはじめると、朱子学が現実に即応せず、何も具体策をしめさないばかりか、形式にとらわれてばかりいる体質に、儒学各派や国学派の朱子学批判があいつぐようになった。これを憂慮した幕府は寛政二年（一七九〇）五月二十四日、江戸の湯島《ゆしま》の聖堂《せいどう》および林家の塾において、朱子学以外の学問を教えることを禁じた。いわゆる寛政異学《かんせいいがく》の禁《きん》である。この結果各藩の学問も、朱子学に統一されることになり、官学として認識されることになった。

ところが九代長岡藩主牧野忠精は、この寛政異学の禁が発せられた十八年後の文化五年（一八〇八）、朱子学のみにこだわらず、古義学《こぎがく》、徂徠学《そらいがく》を用いて藩学とすることを決めている。その頃忠精は幕府の老中を務めていたが、長岡藩の風潮や古義学を学ぶことの大切さを、家老山本老迂斎や家臣から聴き、藩学は古義学を中心に据え、徂徠学、朱子学と競わせた。

教授方に秋山景山が登用された

藩校崇徳館の最初の頃の都講に藩士出身の秋山景山《あきやまけいざん》がいる。秋山多門太《あきやまたもんた》と称し、景山は号だ。江戸藩邸詰めの際、荻生徂徠の弟子服部南郭《はっとりなんかく》の子、仲英《ちゅうえい》について徂徠学を学んだ。徂徠学の特徴は実践を大切にし、教育を受ける者が本来持っている個性をのばそうとしたことにある。形式にとらわれず、理念を守り、着実な実践こそ人の道だと説いたことが、当時の日本人に大きな影響を与えた。

秋山景山も「各人の性格を基にその善を助長させる」ことが教育の目的だと説いた。藩校崇徳館が創設されると教授となり、ついで儒者御次詰《おつぎづ》めとなり、十石加増されて八十石取りとなり、都講に推されてから者頭格《ものがしらかく》となった。天保二年（一八三一）百石となり、同七年、都講の職を辞し、同十年八十二歳で没した。景山が講義をすると、わかりやすく楽しい内容だったと伝えられている。

どんなに識見の高い講義でも生徒に理解されなければ、講義の意味がないというのが景山の主張であった。この景山の学風である徂徠学は、景山没後、消え去るが、藩学の底流には景山の教育姿勢が残り、口語文の通達書などが平気でまかわる風潮をつくったといわれている。

招聘した学者

藩校を開校してから間もなく九代藩主牧野忠精は古義学の学者を招聘している。伊藤仁斎《いとうじんさい》の曾孫伊藤東岸《とうがん》である。古義学は伊藤仁斎に始まり、二代が東涯《とうがい》、三代が東所であるが東岸は東所《とうしょ》の子であり、当時、学識並ぶ者がないといわれた古義学者であった。いわば、東京大学の総長を田舎の学校に呼んできた感があった。

もとより、長岡藩には早くから古義学が根づいていて、山本老迂斎《ろううさい》や高野《たかの》栄軒《えいけん》・余慶《よけい》父子が長岡藩の精神作興にその学識をもって貢献してきた。藩主は古義学のなお一層の発展が、長岡藩には大切だと考え、伊藤東岸を招聘したという。

では、なぜ、古義学なのか。伊藤仁斎は朱子学の欠点や陽明学の短所をつき、儒教はすべて古学に還れと主張した人物である。つまり、孔子・孟子の思想の原点に還れというのである。しかし、それは、今日からみれば全く原点というべきものではなく、かなり日本的な学説となっていた。この古義学は国学復活の素因もつくったが、九代藩主以前の六代忠敬が国学を好んでいたことからすれば、長岡藩に導入する要因は、数十年前にあったのかもしれない。

伊藤東岸が長岡藩の世臣《せしん》★となったのが文化九年(一八一二)、三十二歳のときで

▼世臣
代々長岡藩に仕える家臣のこと。

ある。以来、藩士は古義学を学んだ。後年の河井継之助、小林虎三郎もまず古義学を学んだという。古義学派の思潮が幕末の長岡藩の姿勢を左右するものとなった。

朱子学派も健在

　では、藩学は古義学一辺倒であったかというと、そうではなかった。長岡藩のような小藩では採用した学者の学風や、遊学した藩士がもたらした学風によって、藩校の藩学も盛衰があった。幕末、藩校崇徳館を二分したのは、古義学と朱子学である。なかでも朱子学★は、藩校から選ばれた藩士が江戸遊学へ行き帰藩すると、次々に朱子学を教えはじめた。山田愛之助、木村鈍叟《きむらどんそう》、陶山善四郎《すやまぜんしろう》、小林虎三郎、酒井貞蔵《さかいていぞう》らである。

　朱子学は孟子と荀子の説をうまくミックスさせて、人の道の教育を説いたので、穏健な思潮だった。前述したが、幕府はこの朱子学を取り入れて幕藩体制の維持につとめている。長岡藩も幕末、次第に朱子学を学ぶ藩士が多くなった。たとえば、高野松陰は江戸の佐藤一斎《さとういっさい》の門下となって塾頭まで務めたが、帰藩すると崇徳館の都講となり徂徠学を廃して、朱子学に替えた。

▼朱子学
朱熹（後世、朱子と敬称）が大成した儒学。格物致知（物事の道理を極め、後天的知識をみがき、その極致に至ること）を眼目とする実践道徳を唱えた。

松陰の同窓に佐久間象山や山田方谷《ほうこく》がいる。松陰は若くして没するが、その薫陶をうけた朱子学者たちは、幕末の風雲に際し、勤皇恭順を唱え、古義学者たちと対決した。

陽明学や洋学を学ぶ藩士もいた

佐藤一斎は、おもてでは朱子学を教え、うちでは陽明学《ようめいがく》も★教えた人物として知られている。その高足《こうそく》であった長岡藩士高野《たかの》松陰《しょういん》が、陽明学を長岡藩にもたらしたというのが通説である。河井継之助が十七歳のとき陽明を祭り出世を願ったというが、そのときの崇徳館都講が高野松陰だった。河井継之助は崇徳館の質問生として、また松陰の塾に通って陽明学に触れ、経世済民《けいせいさいみん》を藩政の基本に据えることをひそかに考えたにちがいないと思う。

陽明学は朱子学の穏健着実な教育方針に反対し、精神の純一を求め、その心をもって実行を第一にしようとした学問だった。その過激な主張から幕府が人びとに禁じた学問であった。しかし、陽明学をひそかに学ぶ藩士も多く、そのいうべきところの学説の良さを取り入れている者も少なくなかった。また、長岡藩は実用の学問を重んじたため、医学・洋学を学ぶ藩士は早くから多かった。

▼陽明学
儒学の一派で王陽明が唱えた。知行合一（知識と実践の一体化）を重んずる。

特に医学はオランダ医術を学び、洋学者として大成するものが少なくなかった。彼らはオランダ語の読み書きができるまでの能力を修得し、のちの近代の世に身を立てた者が多くいた。たとえば、鵜殿団次郎《うどのだんじろう》という人物は、長州藩士東条英庵《とうじょうえいあん》や佐倉藩士手塚律蔵《てづかりつぞう》から蘭学・英学を学び、幕府の蕃書調所★の教授になった。

▼蕃書調所
江戸幕府の洋学研究機関。

崇徳館の教科書と学費

束脩《そくしゅう》（学費）は年に百文というからきわめて安い授業料だった。これは崇徳館で学ぶことが藩への忠孝の証であると同時に、藩のための有為の人材を輩出させるという役割を藩校がもっていたからだ。だが、四書五経等の教科書は、自前で揃えなければならなかったので、案外親の出費は大きいものがあった。代々親子で教科書を引き継いでいく者もいたが、貴重で高価な教科書は買えない者が多かった。

そこで藩校では備えつけの教科書や参考書を用意していた。また、参考書に類する多くの書物が藩の祈願所である玉蔵院《ぎょくぞういん》に所蔵されていたので、そこを利用する生徒も多かった。いわば寺院が図書館がわりをしていたのである。河井継之助も玉蔵院に通い、多くの書物を耽読・精読したと言っている。

第四章 人びとのくらし

人が集えば騒ぎが起きる。長岡庶民の暮らしと事件を追う

1 領内の人びと

長岡藩を支えていたのは、領内の人びとであった。
領内におおよそ十万人の農民・一万人以上の町人・職人たちとその家族。
そのうえは八千人の武士とその家族で長岡藩が構成されていた。

年貢

長岡藩の年貢取り立ては他藩と比べても厳しかったといわれている。

年貢の取り立ては年貢割符状《わっぷじょう》を、奉行の名で各村ごとに通知することから始まる。庄屋は割符状を受けとると、自宅に村人を呼び集め、村人立ち会いのうえで、それぞれの農民の田畑持ち高によって年貢を割りあてた。

税は大別して、本年貢といわれる米・稗などのものとそれ以外の雑税に分かれていた。雑税は、小物成《こものなり》と諸役《しょやく》であった。小物成の主なものは鮭役《さけやく》や漆高《うるしだか》などで、油荏《ゆとう》・大豆・軍馬の飼料などを貨幣で納めた。諸役は藩士に支給するために取り立てるもので、米に換算して納めた。

本年貢の徴収方法は、実際に田畑の収穫を坪刈《つぼが》りして、年貢量を決める検見法《けみほう》をとっていたが、一部、十年間の年貢量を平均する定免法《じょうめんほう》も行われていた。いずれの方式に決めるのにも、農民側が藩役人を接待するため大きな負担となった。また、年貢率も五公五民から次第に六公四民となり、上昇していく傾向になった。

他に領内三組（上組・西(川西)組・北組）には糠藁《ぬかわら》の納付の課役があった。これは、軍馬の飼料としたものであった。城下に近い三組の農民が納める義務となった。ところが、平和の時代が続くと、軍馬の飼料は購入することが多くなった。そこで元文年間、家中一同は、藩にお願いをし、糠藁の代わりに大根・ごぼう・芋などを相対品納にしてもらうことにした。農民は野菜を納税することになったのである。このことは、幕末まで続き、農民を苦しめることとなった。

代官

郡奉行のもとで、直接農民と接触した役人が代官である。組ごとに代官所が置かれ、手代《てだい》などをつかい、代官の業務を行った。業務は、だいたい次のようなものだった。

①街道を持つ組では、大名・幕府役人が通行する際の出役《しゅつやく》

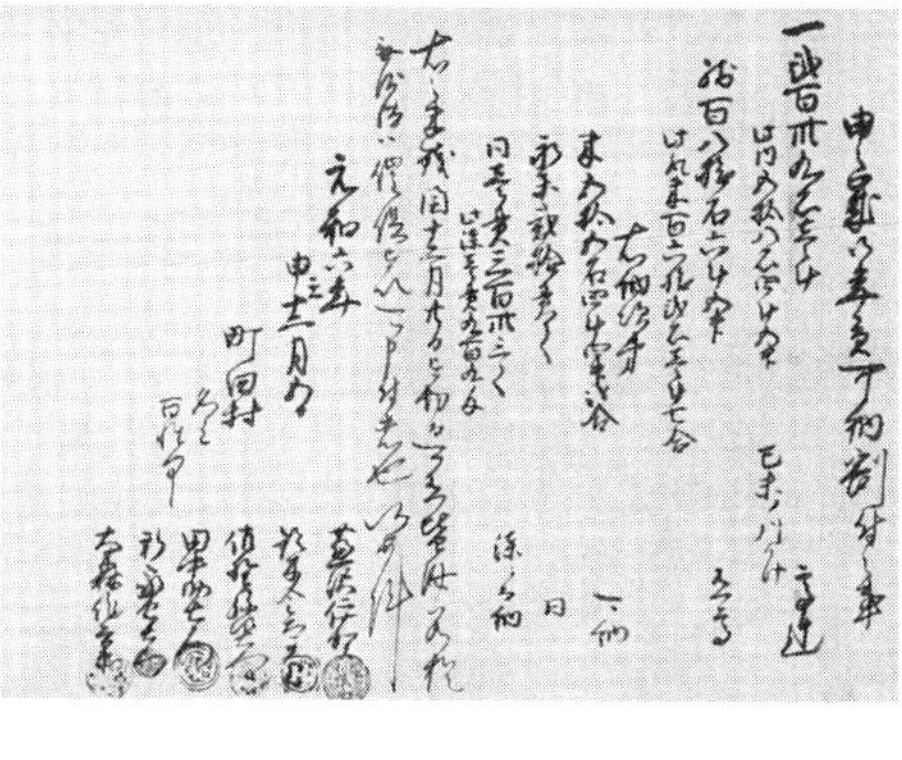

年貢割符状

②農民が田畑地を譲る際の証文の裏書き
③訴訟の裁断・取り次ぎ
④村役人（組頭・横目）などの任命
⑤年貢の取り立て、蔵の管理
⑥災害などへの対応
などである。

割元

代官と庄屋《しょうや》の間に割元という役があった。昔は大庄屋といわれていたが享保五年（一七二〇）割元と改称された。その割元の任務は、
①年貢・諸役の納入と不納の村の催促
②年貢免除扱いの調書作成と免税
③宗門《しゅうもん》改《あらた》め★の際の事前吟味
④諸普請・江筋《えすじ》★用・悪水の検分
⑤諸願書類の代官所への取り次ぎ
⑥争い事の吟味と和解

▼宗門改め
江戸幕府がキリシタン禁制をすすめるために実施した民衆統制策。
▼江筋
用水

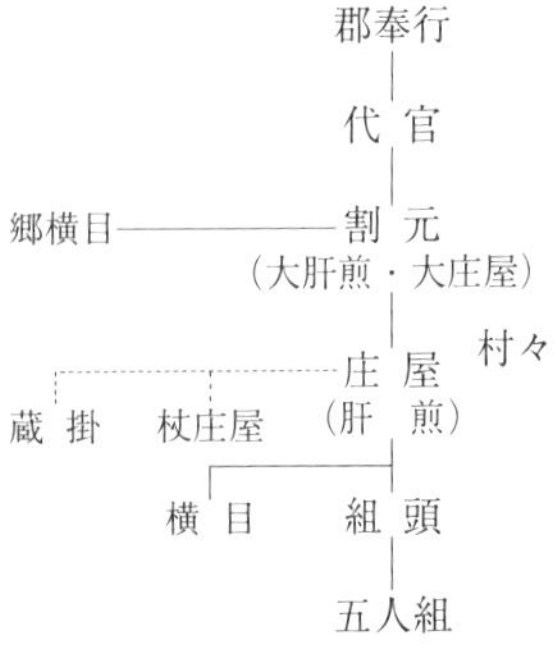

郷中支配組織図

などである。割元には藩から扶持米が支給され、ほかに名字帯刀を許されている。

割元の下で村々を実際に支配していたのは庄屋・組頭・横目の村役人である。庄屋は年貢勘定の一切の責任を持ち皆済できないときは水牢に入れられたりした。ほかに農民のすべての世話をした。組頭は庄屋を補佐し、横目は庄屋・組頭に不正の行為がないか監察した。

なお、長岡藩の場合、割元は各組に四~五名任命されており、他藩の場合の大庄屋・割元の数より、数倍多いのが特徴である。割元合議と連帯責任を狙ったものと思われる。

岡村権左衛門騒動

信濃川の支流の一つである渋海川《しぶみがわ》は長岡藩領西(川西)組の村々や他領の村々の水田を潤していた。だが、その用水は十分なものではなく、たびたび村間で、紛争が起こっていた。そこで、話し合いをし、堰の高低で、用水量を決めていた。

寛政元年(一七八九)四月、淀藩領《よどはんりょう》★であった浦村をはじめとする八カ村が長岡藩領となった。これはたびたびの用水騒ぎを起こす他藩領の村々を、長岡藩西組へ組み入れることにより緩和しようという狙いがあった。しかし、編入された村々

▼淀藩
山城国淀を城地とする譜代大名。藩主は稲葉氏。藩領は全国各地に分散していた。

は長岡藩の重税に苦しみ、寛政三年(一七九一)二月、八カ村の庄屋らが浦村組頭岡《おか》村権左衛門《むらごんざえもん》宅に集まり、年貢の減免を強訴した。

郡奉行は村々の庄屋を一人ずつ呼び出し、懐柔したが、浦村など四カ村は強靭な態度をくずさなかった。そこで、同年九月、権左衛門らを徒党・強訴の罪で捕らえ、翌四年八月、権左衛門を打ち首・獄門とした。この処罰後に藩は八カ村に税の優遇措置をみとめた。明治時代になって、この権左衛門は義民として讃えられた。

長岡甚句

長岡藩には、戦陣で、武士たちによって歌いつがれる長岡陣句が伝わっていた。これは家中節と呼ばれ、歌詞も源氏・平家の戦いの悲哀と勇壮さを物語風に歌い、士気を鼓舞するものであった。

ところが、次第に陣句は甚句と名を改め、農村や町方でも歌われるようになり、踊りも加わって、盆踊りとして使われるようになった。また、家中節も、庶民の生活を思うような歌詞となっていった。たとえば、町方のおせんの身の上を案じた歌詞を稲垣という家老が作詞している。

片山翠谷画「盆踊り」

「おせんや、なぜ髪結わぬ、櫛がないか鏡がないか、櫛も鏡も持ってはいれど、お父お死にやる、三吉は江戸へ、あとにのこりし私であれば、何を張合いでソリャ髪結おうば」

それから、町方・農村では、長岡甚句をつぎのように歌った。

「お前だが左近の土手で、せなかぼんこ★にして豆の草取りやる」

「盆だてがんに茄子の皮の雑炊だ。あんまり盛りつけられて、鼻の頂上焼いたいや」

「デンデラレンのでっかい嬶《かかあ》もてば、二百十日のソリャ風よけだ」

「お山の千本桜、花は千咲く、なる実は一つ。九百九十九は、ソリャむだの花」

このように庶民の哀感が盛りこまれている。歌詞が即興で歌い込まれて、藩領の村々へ伝わっていった。

▼せなかぼんこ
背中を丸めて

長岡藩領の村々

長岡藩領の曾根組に岩室村《いわむろむら》があった。その岩室に今も岩室甚句《いわむろじんく》が伝わっていて、長岡藩の代官の権威について、おもしろく風刺している一節がある。

「ダイロ　ダイロ　角だせ　ダイロー　角を出さぬと曾根の代官さんへ申し上

げるがよいかいや」

　ダイロとはかたつむりのことで、農民に納税のきびしさを教えるものであった。

　長岡藩領は越後古志郡一六五カ村、三万五一〇八石、三島郡四七カ村、一万四三四八石、蒲原郡七七カ村、二万二五四四石、以上七万二〇〇〇石であった。ほかに開発地として二〇二三石余りがあり、都合七万四〇二三石である。

　藩は統治上、これを七組に分けて、民政を行った。その七組は、上組・西(川西)組・北組・河根川組・栃尾組・巻組・曾根組である。村数は上組五〇カ村、西組五〇カ村、北組五二カ村、河根川組三五カ村、栃尾組一〇三カ村、巻組三九カ村、曾根組五五カ村、このほか長岡町・新潟町・栃尾町があった。各組にはそれぞれ代官を置き、支配させた。

農民の心得

一、耕作に精をだし、田畑には雑草の生えないよう注意し、田畑の間には、大豆などを植えて、無駄地をつくらぬこと。

一、屋敷のまわりには、竹木などを植え、薪などを買わないこと。

一、選種は秋のはじめに念を入れて行うこと。

一、冬季中に農具の手入れをしておくこと。

水島爾保布画「田植え」

一、肥料貯蔵の方法を講ずること。
一、牛馬のよきものを畜うこと。
一、夫婦共稼ぎとし、夫の為にならぬ女房は離別してもよいこと。
一、作の巧者なる人の指導を受けて、農事の改良をはかること。
一、春秋、灸を致し、病気にかからぬ様に注意すること。
一、衣類は木綿に限り、喫煙せざること。
一、貧窮にて子沢山の者は人にも遅れ、奉公をもさせ、年中糊口の途を考慮すること。
一、身上よからざるものにても、身上を持ち上げ、米金を沢山持てば、自然、人に尊敬せられるものであるから、身持ちを能くすべきこと。

領民のくらし

長岡藩の儒学者高野余慶の『昇平夜話《しょうへいやわ》』(一七九六)に「百姓は飢寒に困窮せぬ程に養ふべし」とある。つまり、雪国の長岡藩では、農民が寒い冬を越せる程度に治政を行うべきだといっているのである。だから領民は一年中働きづめの生活を強いられた。

水島爾保布画「端午節句市中幟の図」

その儒学者、高野余慶の『粒々辛苦録《りゅうりゅうしんくろく》』（一八〇五）に領民のくらしぶりが記されている。領民は鶏の声とともに起床する。男は手洗い、口そそぎをしたのち持仏堂に入り、先祖の霊を拝む。女は水汲みをしてから朝飯の用意をする。男は今日一日使う農具などをあらためる。もし、その日雨が降っていたら縄ないなどをする。晴れたり曇っていたら朝食ののち田畑に出るが、そのときは霜をふみ、星を眺めて、つまり、夜明け前に農作業に入る。そして、夕べには、星を見て帰ることになる。

秋は特に忙しく、野山に出て作業することが多い。また家にあってもする仕事があり、農具や雨具づくりや、莚《むしろ》を織り、菰《こも》を編み、縄ない、草履・草鞋・雪沓・馬の沓づくりなどに忙しい。女は食べ物をつくり、その間、綿切り、糸とり、機織り、洗濯をする。女はまた暇には臼《うす》ひき、諸穀物を精選して食べられるようにする、など作業をした。子どもも農作業を手伝い、蚕業をする家は五、六歳でも、その作業を習得したという。

一揆の多かった栃尾組

長岡藩領における一揆や民衆の騒動は案外多い。長岡藩は戊辰戦争などで多くの記録を失ったので、支配体制に対しての反抗運動の実際を知ることが少ないが、租税のきびしい取り立てなどに抵抗したことがうかがえる。

元和七年(一六二一)七月、栃尾組で、検地に反対して農民が秋葉原《あきはばら》に屯集した、通称縄一揆をはじめ、強訴が相次いだ。特に栃尾組は上杉謙信の遺風のつよいところで、栃尾組代官に任命された長岡藩士は家族と水盃を交わして赴任したくらいである。事実、元禄三年(一六九〇)十月には栃尾組塩谷《しおたに》二一カ村で、貢租の収納方法に不満の農民たちが強訴し、その結果、代官二人が罷免される事態となった。そのときの一揆の頭取は領外所払《りょうがいところばら》いとなったが、一揆側の勝利となった。

このような強訴は栃尾組では相次ぎ、文化十一年(一八一四)四月には凶作にもかかわらず課税が重すぎ、打ちこわし騒動となり農民九人が入牢した。天保五年(一八三四)には栃尾組北谷三カ村で、神祭りと称して二百人の農民が、課税の割合に反対して騒動を起こしている。嘉永六年(一八五三)には栃尾組の村々一万人余による打ちこわしが発生している。そのほか不穏な農民たちの動きは枚挙にいとまなく起こり代官たちは戦々兢々とした毎日を送った。

『陳観帖』の「窮巷苦寒」の図

② 事件簿

元和四年（一六一八）の入封から、明治三年（一八七〇）の廃藩に至るまで、長岡藩の歴史のなかに、巨細な歴史的事件が発生している。事件当事者は勿論、それに関連した悲哀の史実が、今も真実を秘している。

訴状箱

御多分に洩れず、長岡藩も江戸時代中期頃から、深刻な財政難に見まわれる。享保十三年(一七二八)には長岡町大火で長岡城の大部分を焼失、この修復工事で、幕府から七千両を借用したうえ家中から知行高の半分を借り上げている。次に洪水が襲い、災害によって収納米が激減した。そのため江戸藩邸に送金することができず、江戸・京・大坂の商人から借財をかさねた。領内の農民・町人から才覚金《さいかくきん》★や御用金★を求めていく。同時に家中にも献上米を命じた。

災害などにより、農民のなかには、田畑を質に入れたり、売り払ったりして、無田百姓《むでんびゃくしょう》になる者もでた。宝暦五年(一七五五)には飢饉で救米を支給する事態となった。そこで藩は、毎月三日間、長町口の御門脇に訴状箱を置いて、意見や不

▼才覚金
工面して出させる金

▼御用金
江戸時代・幕府や諸藩が財務上の目的でなかば強制的に町人や農民から取り立てた借入金。

正の訴えを聞くことになった。このため、藩士のなかに処罰される者もでた。しかし、財政難は藩主の老中職就任などでいっそう苦しくなっていった。これに対して、藩では家中・農民・町人に御用金を命じて、一時的にしのぐ方法を繰りかえしていった。

三方替え事件

天保十一年（一八四〇）十一月一日、幕府は突如、大名の移封の発表をした。その内容は越後長岡藩主牧野忠雅を武蔵川越に。川越藩主松平斉典《なりつね》を出羽庄内へ、庄内藩主酒井忠器《ただかた》を長岡へ配置換えをするというものであった。ときの長岡藩主は当時、京都所司代職にあったので、移封の命は分家《ぶんけ》の小諸藩十一代牧野康哉《まきのやすなり》がうけた。牧野康哉はそのことを江戸家老稲垣太郎右衛門に通知した。稲垣はすぐさま急飛脚を長岡へ飛ばした。

飛脚が長岡城下に到着したのが十一月六日午後四時頃である。即刻城内で老臣会議が開かれたが、前代未聞のことで、対策を講ずる者がいなかった。翌日、藩士総登城。領知替えの趣旨が読みあげられた。それからの領内は、てんてこ舞いが始まったのである。侍は古道具屋を呼び、家財を売り、商家は俄かに掛けとり★

掛けとり　代金回収

を行い、農民代表は代官所に機嫌うかがいに参上するなど大変な騒ぎになった。農民へは、領主が移封になるのだから、領内の財産をむやみに動かしてはならないという命令まで下された。今までの長岡藩二百二十四年間の総決算が始まったのだ。

この三方替えとは、川越藩主松平斉典がときの老中水野忠邦《みずのただくに》と仕組んだものだったが、どうしても豊饒な庄内へ移封したい願望が成就しようとしたものであった。それは斉典の養子斉省が十一代将軍徳川家斉《いえなり》（在職一七八七〜一八三七）の庶子《しょし》★であったことも関係していた。ところが、庄内藩は領内の大富豪本間家に五十万両以上の借金があったのである。庄内藩では猛烈な反対運動が起こった。

長岡藩でも、町中の富豪が長岡藩の移封には大反対であった。勿論、多額の貸付金があったからである。そんななか十代藩主牧野忠雅は、京都から藩士一同に直書《じきしょ》★を寄せた。「このたびの転封は残念だが、一同神妙にして無事引き渡しが済むよう忠誠を尽くしてほしい」というものであった。

長岡藩では庄内と川越に探索者を派遣すると同時に、移封の準備に備えた。赴任にあたっては侍・足軽に手当がでることになった。家屋敷は、手入れをし、引き渡しに万全を期すよう触れもでた。町人には献金を命じた。しかし、季節は冬で、すぐさま川越へ出立できないことから、雪消えの春まで待つことになった。

▼庶子
側室の子

▼直書
直筆の書状

当時の長岡城下は意気が消沈し、正月を祝うどころではなかったといわれている。しかし、春になっても、夏になっても、幕府から具体的な移封の通知状がなかった。それは、天保十二年（一八四一）一月、前将軍家斉が死亡したことに起因する。家斉が死去すると、今までの幕政に対する批判が相次いだのだ。その反発をかわそうと幕府は三方領知替えを中止する決断をした。天保十二年七月十二日にいたって、幕府から移封取り止めの通知がもたらされた。

この知らせは早うち★で十五日の夕刻長岡城下にもたらされた。急便の駕籠が領内に入ると、その沿道には領民が集まった。急便は駕籠のなかから大声で「御沙汰止み」「御沙汰止み」と連呼したので、その群衆の喜びの声が津波のようになったという。群衆が駕籠の周りを囲み、数百の人数となって城下に雪崩れこんだこともある。

なかには、感きわまって地に伏す者、酒を飲み誰かれなくすすめる者、はては踊り出す者もいた。このとき、長岡藩は花火を打ちあげているが、これが長岡の花火の発祥だという説もある。しかし、この事件で長岡藩のこうむった損害は多大なものがあった。

▼早うち
急ぎの知らせ。

水島爾保布画「長岡花火大会」

新潟上知

長岡藩財政に大きな打撃を与えたものに新潟上知がある。

新潟町は日本海側の川港では随一の町で、長岡藩領に属していた。新潟町は長岡城を築いた堀直寄によって、港を中心に町造りがされ、元禄十年(一六九七)には、諸大名の蔵米《くらまい》三十四万四千俵、商人米《しょうにんまい》三十六万五千俵余りが陸揚げされ、取り扱う商品は、北は松前、南は九州に及んだ。その一方で、新潟港は抜け荷(密貿易)の港としても有名であった。薩摩船などが運んでくる禁制の唐物《からもの》★が港を経由し、江戸に運ばれていった。幕末の頃には天保銭のにせ金が、新潟港に大量に入ってきて、経済破綻をもたらし幕藩体制を揺らした。

長岡藩では取引にあたって仲金《すあいきん》★を徴収した。その仲金の一年間の集計は一万両以上になる年もあったのである。長岡藩の財政は五万両程度だったので、まさに新潟町はドル箱であった。長岡藩は新潟町に町奉行を派遣し、町政を担当させたが、抜け荷の摘発には役人の数が足りなかった。天保(一八三〇〜四四)の頃になると抜け荷も大掛かりとなり、幕府の役人の関《かん》八州取締役《とりしまりやく》が新潟に出張するという事態が起きていた。幕府の評定所でも抜け荷事件を採決するようになったの

▼唐物
外国品、特に中国輸入品やオランダ製品。

▼仲金
取引税のようなもの。

だ。

天保十四年（一八四三）六月十一日、幕府は突然新潟上知を長岡藩に命じている。長岡藩には青天の霹靂の出来事であった。この新潟上知には川村清兵衛《かわむらせいべえ》という幕府のお庭番《にわばん》★の暗躍があった。川村は老中水野忠邦に認められ勘定吟味役《かんじょうぎんみやく》★に昇進した。清兵衛は寺子屋の師匠となって新潟町に潜入し、その頃頻繁に行われていた抜け荷（密貿易）を調べている。その結果、長岡藩は抜け荷を取り締まらないばかりか、その利益を得ていることが明白だとする報告を、水野忠邦に上申したのである。表向きは、抜け荷の摘発が不十分だとしているが、実際は幕府が新潟港からあがる利益をいただこうとした気配が濃厚である。

長岡藩は新潟町を取り上げられ、かわりに高梨《たかなし》村六百石を与えられ、差し引きすれば二万石以上の損失をこうむったという。

天保十四年以降、長岡藩の財政は次第に貧窮していく。領民からいっそう御用《ごよう》金《きん》・献金を集める結果となり、民衆を苦しめることになる。川村清兵衛はこの功により初代の新潟奉行となって赴任してきた。

▼お庭番
江戸幕府の職名。将軍直属の隠密者をいう。表向きは天守台下の御庭番所の宿直であるが、将軍や側用人の指示で情報を集め、風聞書にまとめて報告した。

▼勘定吟味役
江戸幕府の役職。職務は勘定所における金穀の出納、封地分与、幕府直轄領の年貢徴収及び郡代・代官の勤務監理など。また勘定所内の不正を直接老中に報告できた。

女犯疑獄事件

長岡城の丑寅（東北）に祈願所の玉蔵院があった。元和四年（一六一八）の牧野氏入封の際、随従してきて、寺領百石を与えられた真言宗寺院であった。藩の祈願所であるから、当然、住職には特別待遇が与えられていた。そのため、住職になるには、藩の重役から寺侍《てらざむらい》★に至るまで三千両の賄賂を要したといわれるくらいであった。

文久年間（一八六一～六四）頃の住職は、傑僧の誉れの高い義典法印《ぎてんほういん》。武州忍★の一乗院《いちじょういん》から藩主牧野忠恭の招請により転住してきたのだった。

義典法印は博学強記の持ち主であったという。長岡藩領巻組吉田村に生まれ、十三歳のとき、同領河根川組川袋村円福寺《かわぶくろむらえんぷくじ》で得度を受けた。その後修学のため武州忍の一乗院へ行き、修行を積み、傑僧といわれるようになった。やや白面の美僧でもあったという。十一代藩主牧野忠恭はその才を聞き、玉蔵院の住職に抜擢した。あるとき、義典法印は、主君のために七昼夜、不眠不休の修法を行い、大願成就をさせたという。その際、干柿六個以外はすべての飲食を断ったとある。

▼寺侍
寺に付属する警護の侍。

▼武州忍
埼玉県行田市

その義典法印が文久年間（事件発生日は不明）、女犯事件《にょぼんじけん》に巻き込まれてしまう。もとより寺門には女犯の戒がある。このとき、四十二、三歳の義典法印に落とし穴が仕組まれていた。

玉蔵院には寺僧とともに寺侍もいた。境内は約千坪。堂宇は豪壮であった。寺侍は警備を担当するとともに、寺僧とも結びつき領内の寺院との連絡役となっていた。その寺侍のなかには義典法印に反感を抱く者もいた。一方、玉蔵院には出入りの商人も多かった。そのうち、義典法印は三平という洗濯を生業とする者と懇意になっていった。

あるとき、法印は所用に出かけたおり、気楽に千手村の三平宅に立ち寄り、そのまま宿泊した。三平の家には「おさだ」という美しい娘がいた。

この宿泊が疑獄事件の発端であった。随伴していた寺侍によって、長岡藩宗門奉行所に「法印女犯」が密告された。奉行所は密告を取り上げ、町の治安を取り締まる盗賊改め役におさだを捕縛させた。拷問の末、おさだは法印と同衾したことを認め、口書爪印《くちがきつめいん》★をとられた。

盗賊改め役は宗門奉行所に義典法印の女犯を報告した。法印は召し捕られ、僧衣をはがれて取り調べられたが、義典は事実無根を言い張った。「誰かの姦計である」と主張する義典に宗門奉行も手を焼き、揚り屋《あがりや》★に入れるわけにもいかず城

▼口書爪印
調書を取られ捺印する。

▼揚り屋
留置場

東の台所町長屋に座敷牢をつくり収監した。そこでも役人は女犯の罪を責めたが、ついに白状しなかった。

そのうち、玉蔵院の後任の住職も決まり、法印の処遇は藩法によって表吟味《おもてぎんみ》役《やく》★に任されることになった。しかし義典を処断できず、また無罪にもできなかった。そこで表吟味役は宗門奉行と相談し、城下東神田町の栄凉寺に座敷牢を設け、監禁することにした。警備には小頭二人、足軽一六人が二組に分かれて監視した。

ある風雨の激しい雷鳴の続く夜、厠から脱出に成功した義典は江戸へ向かった。幕府の寺社奉行所に訴えでるためである。

長岡藩も追っ手を六組に分けて義典を追った。

江戸に到着した義典は本郷のとある巨刹に入り、公儀に訴えでる機会をうかがっていた。長岡藩の追っ手も、義典の居所をつかみ、江戸の南町奉行所に逮捕の依頼をした。南町奉行所は、寺を囲み義典が出てきたところを捕らえたのである。

南町奉行所での取り調べに義典は、正々堂々と抗弁した。その態度があまりにも立派なので、すぐさま長岡藩に引き渡さず、後日、長岡藩と対決させることにした。

ところが義典は揚げ屋《あやや》で急病を発し、元治元年(一八六四)二月二十四日、四十五

▼表吟味役
裁判官及び検察官。

歳を一期として没した。事件は闇に葬られてしまった。

つね姫懐妊事件

事のてんまつは某国王室のスキャンダルのようなものだが、巷間でささやかれた十二代藩主正室の不倫の醜聞である。つね姫は、十一代藩主牧野忠恭の二女である。藩主の娘として、我が儘な行いが多かったというが、大変美しい女性であった。そのつね姫に丹後藩主の本庄氏からむこ養子が入った。のちの十二代藩主牧野忠訓である。

養子の忠訓はつね姫の二歳年下。忠訓は潔癖な性格で、学問好きの若君であった。養嗣子として長岡藩に入り、養父の牧野忠恭にかわって幕閣の公務をとることが多かった。幕末、大名の妻子は国元に帰されていたから、江戸生まれの正室などは、田舎ぐらしにあきた者が多かったという。あるとき、城内でつね姫の眼に、駕籠《かご》かきの松蔵《まつぞう》の偉丈夫さがとまった。つね姫は気まぐれに松蔵を庭番にあげ、側に仕えさせていたが、暇で空閨をかこっていた境遇から、つい誘惑して同衾《どうきん》したのである。間もなく、つね姫は懐胎した。そのことが本丸御殿の一部の者たちに知られたのである。松蔵は理不尽にも処刑されることになった。そのとき、登場したのが、当時累進してきた河井継之助。河井継之助は松蔵を処断したことにし、みずからの従僕にした。そして、ひそかに、つね姫を菩提寺に隠し通し、慶応二年（一八六六）のある日男子を出産させた。その生まれた子は、従僕の一人である萩原某に託し、他領へ出国させている。

こうして、若殿夫人の姦通事件は闇に葬られた。

その後、不義の子は河井継之助の英名を知り、自ら、継之助の子孫だと名乗ることになる。

お国自慢 これぞ長岡名物②

長岡まつり大花火大会（八月一日【前夜祭】、二、三日）

八月一日の前夜祭から、みこし渡り、大民謡流しなどお祭りムードが高まっていく。昭和二十年の長岡空襲の犠牲者への鎮魂と平和への祈りを込めて灯籠流しも行われる。

伝統の長岡まつりは、戦時中の中断を経て、昭和二十二年に「長岡市戦災復興祭」として再開され、昭和二十六年には「長岡まつり」として三尺玉の打ち上げも復活した。毎年、八月二、三日に合計二万発を越える豪華絢爛な花火大会が開催される。全径六五〇メートルのナイアガラと正三尺玉、夜空に轟く炎の饗宴に息を呑む。

二人の花火師——中川繁治と嘉瀬誠喜

長岡の地から出た二人の男たちが、花火でその才を競った。名を中川繁治《なかがわしげじ》と嘉瀬誠喜《かせせいき》という。

繁治は明治二十七年（一八九四）生まれ、誠喜は明治二十三年（一八九〇）生まれだった。

ふたりの花火の好みは対照的だった。繁治は派手に開き、即座に消える花火を好んだのに対して、誠喜は夜空に余韻を残す花火を好んだ。

繁治は営業を得意とする颯爽とした職人肌で、誠喜は道楽者の父のおかげで貧困にあえぐ苦労性だった。

中川繁治は縁あって長岡市長原町の煙火師《はなびし》初代中川繁治の養子に入り、その後繁治の名を襲名した。ゲテモノ食いが好きな陽気な男だった。

それまで長岡で打ち上げられていた花火は、ふつう尺玉、せいぜい二尺玉までが限度。繁治の悲願は正三尺玉を長岡の空に打ち上げることであった。

長岡散策

二人の花火師——中川繁治と嘉瀬誠喜

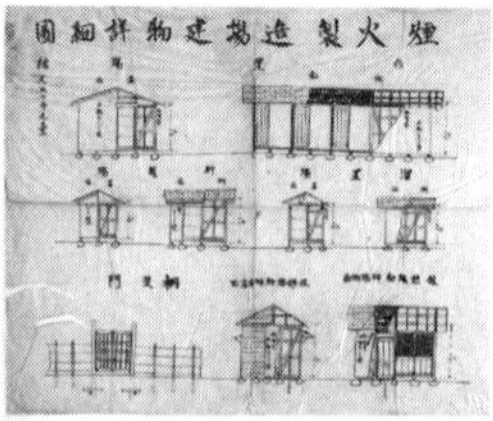

（上右）花火工場の詳細図。
（上左）中川繁治の記した「日本西洋烟火之法」
（下）三尺五寸玉と嘉瀬誠喜一家。火薬の量は百二十キロにもなる。

尋常小学校しか出ていない繁治は化学数学に疎く、これを補うために官立長岡高等工業学校に入り浸り、教授に教えを乞うた。

昭和六年（一九三一）、繁治は上越線全通を祝う博覧会で、昼二発、夜十七発の三尺玉を信濃川河畔で打ち上げ、昼一発の失敗をのぞき、ことごとく大成功。観客のどぎもを抜いた。

しかし、これが花火師繁治にとっての最後の舞台となった。体調を崩し、入院。夜になると病院をこっそり抜け出して花火を打ち上げたりしていたが、ついに帰らぬ人となった。内臓のガン。三十八歳の若さだった。

●

一方、嘉瀬誠喜はその後も懇々と花火製作に取り組んだ。見よう見まねの上に自分独自のアイデアも盛り込み、昭和二十六年（一九五一）には、ついに三尺玉を復活させた。しかし、当時の打ち上げは一発で、成功の確率は五〇％だった。

その夜、墨色の空を駆け昇っていく赤い火の玉を見つめながら、誠喜は息子の誠次と抱き合わんばかりに感動したという。

その後も恩人の化学薬品会社の社長とともに改良を重ねて、日本一といわれるまでになった。

後を継いだ息子の誠次は音楽に合わせて花火を打ち上げるなどの高等技術を使いこなし、世界中で喝采を浴びた。花火師「カセ」の名は世界に轟いた。嘉瀬誠喜は昭和六十年（一九八五）、九十五歳で没した。

火薬類の配合を記した控え帳

（『ふるさと長岡の人びと』から）

第五章 改革者河井継之助の登場

風雲児登場！ 陽明学を掲げて、悪化する藩財政の改革に取りかかる

1 改革者登場の背景

比較的に裕かだった長岡藩庫も、幕末が近づくと火の車となった。
藩士からの米の借り上げが行われ、緊縮政策がとられるようになった。
当然、改革が叫ばれ、藩政改革を行う才覚者の登場となってくる。

安政の改革

嘉永二年(一八四九)、長岡藩の借財は二十三万両にも及んだ。長岡藩は一年間にだいたい五万両ほどの財源が必要だった。そうすると借財は五年分にも相当する額である。七万四千石の小藩ではこの借財のために藩政もままならなかった。特に安政二年(一八五五)に至って、その年の財源は極端に少なく何もできない状態となった。このことを憂いた十代藩主牧野忠雅は、勘定頭に軽輩出身者の村松《むらまつ》忠治右衛門《ちゅうじうえもん》を抜擢する。長岡藩の安政の改革である。

村松は、家臣一同に倹約を奨励し、給米★の借りあげや手当米★の減廃をするよう忠雅に進言した。忠雅はこれを実行するよう家臣たちに命じ、一藩あげて改革に取り組むよう申し渡している。

▼給米
足軽以下の者がもらう給付米。

▼手当米
役職に対する給付米。

そこで、領内の金満家今井孫兵衛に、禄高百石の武士にすることを条件に五万両の出金を頼んでいる。村松らのこの申し入れは膝づめ談判となり、聞き入れなければ財産改めをするなどとおどしながらであったという。

その一方で村松らは藩の機構改革を実行したがなかなか改革はすすまなかった。

豪商が藩米を売る

機構改革は思わぬ慣習などを露呈した。たとえば勘定所の役人が、内々に代官や勘定人に公金を貸しつけていた慣習などがわかってきた。勘定頭席の後ろには酒樽があったりして、風紀は紊乱《びんらん》していた。

このような状態で、新たに借財を重ねても返金できるかどうかわからなかった。藩では勘定所の役人の数を減らし、五つの部署を三つに統合したりした。また農民に名字帯刀を許すかわりに献金を命じた。

倹約を励行し、借金をやめ、収納米の運用をはかって利益をうる改革が実行されていった。しかし、このような利益をはかる改革は、役人の不得意な分野であったので、今井孫兵衛や富所平治右衛門《とみどころへいじうえもん》、田辺与三兵衛《たなべよそべえ》といった領内の富豪商があたることになった。

藩米の売却は一年間四万俵にも及んだが、それも一時的な回復を生んだだけだった。

藩主所司代となる

幕末長岡藩に養子として入った十一代藩主牧野忠恭は、多難な幕末の政局のなかにほんろうされることになった。忠恭が京都所司代として務めた文久二年（一八六二）九月は、尊攘運動《そんじょううんどう》★のもっとも激化した頃だった。天誅《てんちゅう》★という名目の暗殺事件がたびたび起きて、無警察状態に近かった。そんななか、藩士は団結し、難局を乗り切ろうとした。その藩士のなかで、河井継之助は藩主に強く所司代辞任を求めた一人だった。河井継之助の考えは「時局が攘夷と外国を排除しようとしているが、外国の軍事力は日本をうわまわっている。そんなことを叫んで、国を亡ぼすよりも、各藩がそれぞれ自藩を強固にすることが急務である。それには、改革を推進し、借財をなくし、国力を増強して、強兵国を造り上げなければならない」というものであった。忠恭はその河井継之助の建言を聞き、間もなく辞任している。

▼尊攘運動
尊皇攘夷運動のこと。皇室を尊崇し、異民族を打ち払うという政治思想。

▼天誅
天にかわって罰を加えること。

河井継之助の誕生

河井継之助《かわいつぎのすけ》は文政十年（一八二七）一月一日に長岡城下に生まれている。父は代《だい》右衛門秋紀《うえもんあきのり》。母は貞《てい》である。父は勘定頭をやった能吏であった。僧良寛とも親交があり、また茶人でもあった。母はしっかり者で算盤が得意だったというから、その才能を継之助は引き継いだものであろう。

十六歳で元服した継之助は、名を秋義《あきよし》と称した。蒼龍窟《そうりゅうくつ》を号するのは、もっとあとのことである。この頃から実学本位、実利を求める風があった。腕白者だったので、父は心配して教師をつけたが、師の建前論を軽蔑し、弓馬槍剣は用を達すればよいとして、師を嘆息させたという。

十七歳のとき、心中に転機が起こった。藩政の柱石になろうと志した。立志を誓い、鶏をさいて★陽明を祭ったのである。

陽明学を学んで、経世済民を目指し、藩政の担当者となろうとしたのである。それは家禄百二十石の河井家とすれば、破天荒のことだった。

河井継之助

▼鶏をさく
陽明学では誓いを立てる際、祭壇にいけにえを捧げた。その志の大きさで、大小の動物がいけにえとなった。

江戸遊学

嘉永五年(一八五二)春、二十六歳の継之助ははじめ斎藤拙堂《さいとうせつどう》の門に入り、ついで古賀茶渓《こがさけい》の久敬舎《きゅうけいしゃ》に移った。茶渓は通称を謹一郎といい、漢学と洋学に通じ、蕃書調所の頭取を務め、のちに日米和親条約等の開国交渉における国書起草にもかかわる人物である。古賀からは外国文明というものを学んだ。また、久敬舎在塾中に佐久間象山のもとにも通っている。嘉永六年六月のペリー来航を、この象山とともに見物にでかけたという説もある。象山と一緒であれば、長州の吉田松陰や長岡の小林虎三郎と同じ体験をしたことになる。

久敬舎の蔵書のなかに李忠定《りちゅうてい》公集十一巻をみつけ一字もおろそかにせず、すべて正楷で書き写した。象山はその苦心を激賞して、題箋《だいせん》★に表題を書いてほめたという。

▼題箋
表紙に書名を書いて貼付する紙片。

建言する

ペリーの来航は、日本に開国を迫るものであった。十代長岡藩主牧野忠雅はこのとき、海防掛老中であったから当時、筆頭老中阿部正弘とともに外交処理問題や世論の反発に苦慮していた。

幕府はこの国難を乗り越えるために、有能な下級武士の登用などを積極的に行った。長岡藩も安政元年(一八五四)在府の藩士に「長岡藩のとるべき方策」等を建言させている。このとき、佐久間象山門下で長州の吉田松陰(寅次郎)とともに象山門下の二虎と称された小林虎三郎は、横浜開港論を建言したが忌諱に触れ、国元に帰郷、蟄居《ちっきょ》となった。洋数学者の鵜殿団次郎らも建言を行ったが、そのなかで藩主忠雅に注目されたのが継之助であった。その建言の内容は、はなはだ過激で危険なものであったが藩公忠雅の心を惹《ひ》き、登用すべき人物と認められたと『河井継之助傳』にある。忠雅は継之助を抜擢し目付格評定役隋役《めつけかくひょうじょうやくずいやく》にし、新知三十石を給し、帰郷させた。

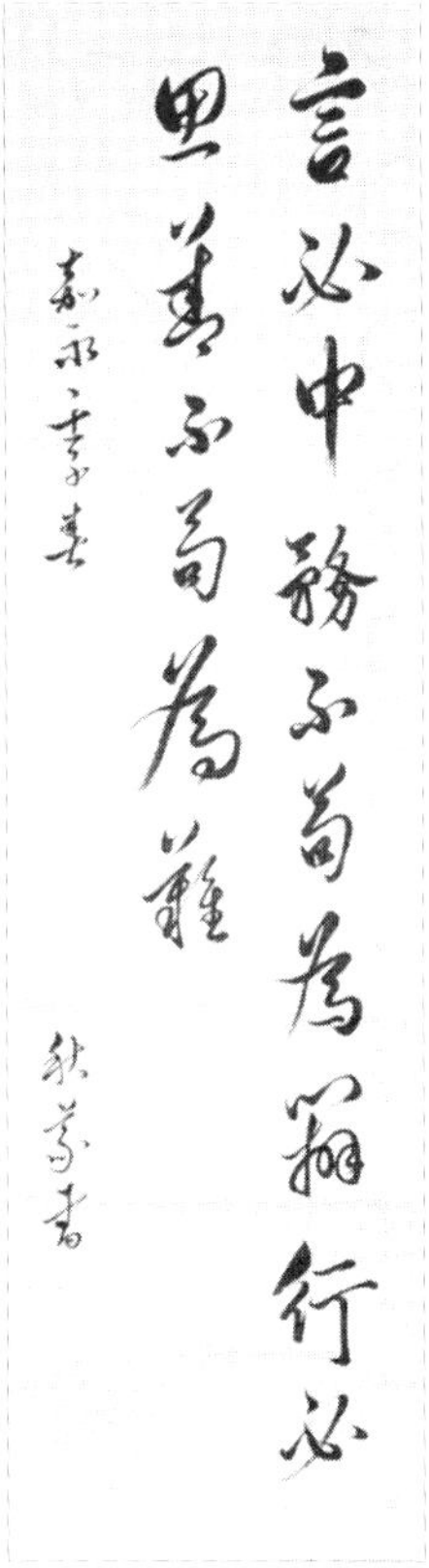

河井継之助書

釈読

言えば必ず中《あた》り、務め苟《いやしく》もせざるは弁と為す。

行えば必ず思い、善、苟もせざるは、難しと為す。

嘉永壬子《じんし》(五年)春　秋義書

このときの継之助の建言内容を推測すると「長岡藩改革を進め、富国強兵にし、外夷にあたる」ものではなかったかと想定される。

しかし、帰国してから藩閥の妨害によって、その才を発揮できず、改革を行うことができなかったという。ちょうど、長岡藩安政改革の頃である。

失意の日々

失意の日々、継之助は山野に遊び、鉄砲を撃つことで、気を紛らわせている。そんななか安政二年（一八五五）五月、藩主の養嗣子牧野忠恭の前で経史を講義する機会がおとずれた。しかし、「己は落語家のような講義はできない」と断ったというのだ。落語家には失礼な発言だが、要は面白く学問を説くことができないといったものだった。これは出世のチャンスをつぶすことになる。

自らも悔いたのだろう。そのときの感慨を漢詩に詠んでいる。

十七天に誓って輔国に擬す!
春秋二十九宿心たおる
千載此の機得べきこと難し
世味知り来たって長大息

▼十七歳のとき、陽明を祭り、藩政に携わることを誓った。
しかし、この二十九歳になったとき、その志もついに駄目になった。
ああ、この機会は再びもう来ないだろう。
世間の冷たさを知って嘆息してしまう。
英雄というものは事を為すにあたって、縁というものがないのだろうか。
出処進退は自然に委せよう。
昔から、人には運命というものが定まっていようか。
不遇をかこちつつ、人生の残りをどう送ろうか。

英雄事を為すにあに縁無からんや
出処唯応に自然に付すべし
古より天人定数と存す
好しかん睡を将って残年を送らん

この七絶には自らの行く末を案じながらもひそかな宿望を果たそうとする強い意志がある。

②陽明学の真髄に出会う

改革のためにあらわれた男。河井継之助の登場である。
彼の改革の理念は陽明学で学んだことの実践であった。
師の山田方谷を備中松山（高梁市《たかはし》）にたずね、その学識と人間性、改革の実際に触れることから、人生が変わる。

旅日記「塵壺」

安政五年（一八五八）十二月の暮れ、再び継之助は江戸遊学に旅立つ。もう三十二歳になっていた。信州から碓氷峠を越えて、江戸に到着し、久敬舎に入る。だが、そこでの勉学に飽き足らず、かねて希望していた備中松山藩★の山田方谷《ほうこく》をたずね、藩政改革の要諦を聞こうとする。

山田方谷は農民出身だが、松山藩の藩主板倉勝静《いたくらかつきよ》に登用されて、元締役《もとじめやく》★になって藩政改革を推進した。約八年間の執政ののち見事に改革を成し遂げた人物である。また山田方谷は陽明学者でもあった。

その山田方谷をたずねる旅に出たのが安政六年六月。両親に五十両もの大金を無心しての旅だった。その旅の間、両親に報告をかねて旅日記「塵壺《ちりつぼ》《じんこ》」を記して

▼備中松山藩
岡山県高梁市。

▼元締役
会計の総轄者。

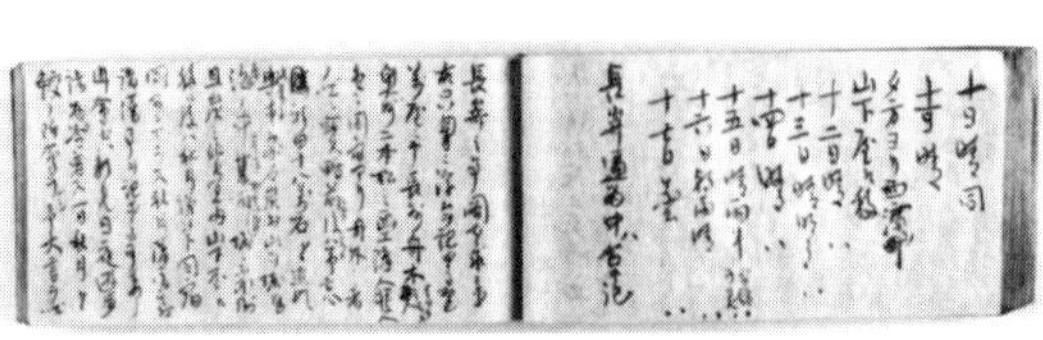

塵壺

いる。旅日記は継之助の見聞、人間性がにじみでている好資料である。

山田方谷に学ぶ

江戸を出て、四十日目に備中松山（岡山県高梁市）城下に到着している。城下からさらに三里ほどの高梁川沿いの西方村《にしかたむら》に山田方谷はいた。実は方谷は長岡藩儒高野松陰と、佐藤一斎門下の同門であった。高野は、継之助の師であり、陽明学に眼を開かせてくれた人物である。

継之助は方谷の家をたずねる。だが入門をことわられてしまった。そこで、継之助は「先生に学問の手ほどきを受けにきたのではなく、改革の策を教えてもらいたい」と頼みこむ。方谷はその志をくみ、懇切に指導をしたという。藩政改革の要諦を聞いたというのだ。

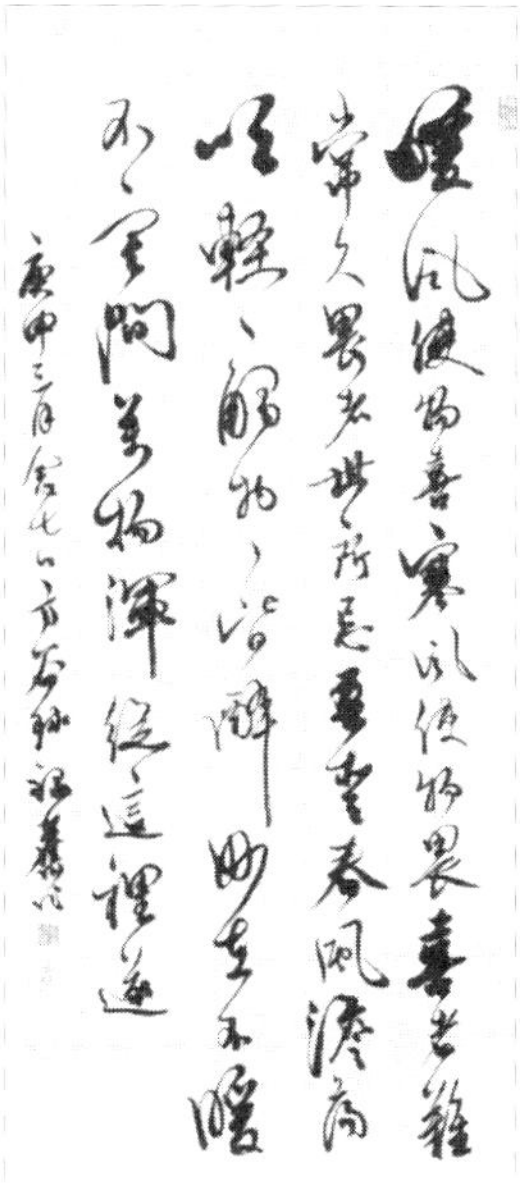

山田方谷書

たとえば、「塵壺」に、八月十七日明月のもと「月下に先生の話を聞く」とあるから一所懸命話を聞いたのだろう。山田方谷には「理財論」「用財論」という陽明学に基づいた経済再生の研究論があったから、それを学んだのであろう。

継之助は、山田方谷に学び、改革の理念を覚り、のちにそれを実践する。

「理財はすなわち改革だ」と方谷は述べる。それには仁の精神が必要だ。その精神を根に持ち、地表に枝葉を伸ばし、幹を太らせる、それが理財だというのである。

また、用財とは「財を用ふるに兵を用ふると同じ」という。「兵多きは分けて数処に備え、兵少なきは合せて一手に囲むこれ用財なり」という。

秋月悌次郎に会う

方谷は継之助訪問中、藩主勝静の用命があって江戸へ行く。その間、継之助は、中国、四国、九州を旅している。

特に長崎は印象に残った。その長崎案内をしてくれたのが、会津藩士の秋月悌《あきづきてい》次郎《じろう》だった。出島《でじま》の唐館《とうかん》、幕府所有の観光丸などの見学はすべて秋月の手引きによるものであった。

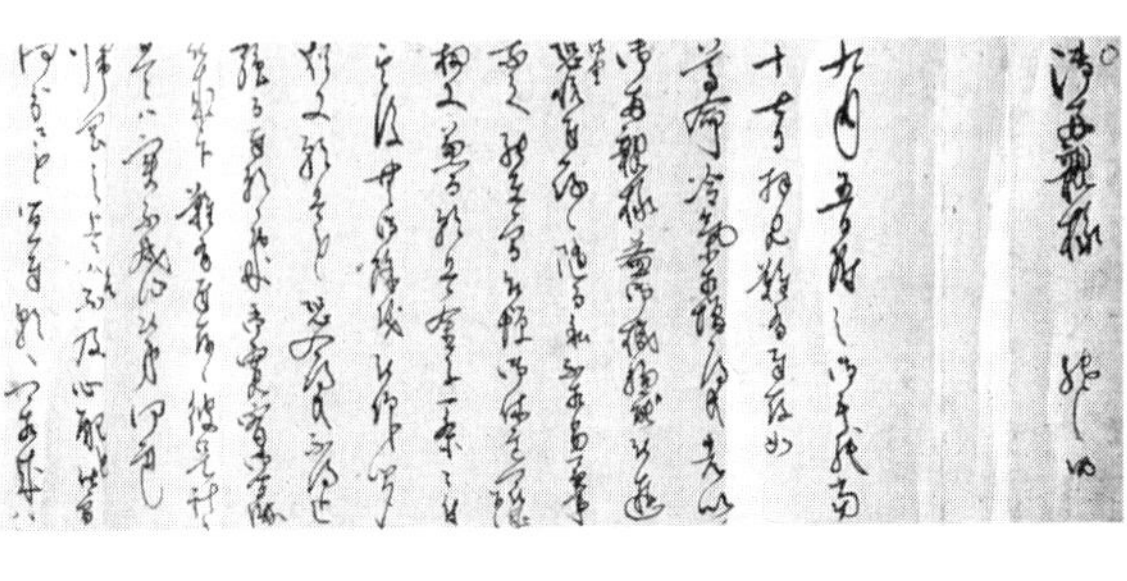

河井継之助両親宛の書簡
無心したお金への礼状だが、父親の腰痛や眼病を気づかい、遅くとも春までには長岡に帰るので養生するように、と書いてある。

秋月がいなかったら、継之助は文明に対する理解がなかったかもしれない。率直に外国文明の実際や、技術力、資本力を観察させたのだ。

その秋月とは後年、北越《ほくえつ》戊辰戦争《ぼしんせんそう》の最中、戦場で出会う。秋月は会津藩の軍事奉行添役として、越後に出張してきている。そのとき互いに知恵を出し合い、西軍に対する戦略戦術を話し合う。

しかし、大勢利あらずして、結局、秋月は越後を去って行った。

山田方谷との別れ

方谷が松山城下に帰ると、継之助もまた松山に戻り、方谷の話を聞いた。

やがて、万延元年（一八六〇）三月、継之助は方谷のもとを去る。その別れは劇的なものであった。高梁川をはさんで、互いに師の礼をとりつつ、別れるが、その際、方谷は継之助に『王陽明全集』を四両で譲ったという。その余白に、河井継之助への忠告ともいえる送別の辞を書き記している。

「公の書を読む者、その精神に通ぜず、その粗じつ泥《なず》まば、害ありて利なし。生の来る、其の志は経済に鋭く、口は事功に絶たず。この書を読み、利を求めて、かえって害を招かんことをおそるるとの意を反復す」

▼学祖、王陽明の著書を読むにあたって、その主張する精神を理解できず、ただ事項だけで読むのであれば、害のみで利はない。継之助は学問を受けにきたが、その志は経済に終始し、事を成すことだけを述べている。だから、この著書を読み、その損益だけを求めるとかえって害を招くことを忠告します。

つまり、陽明学を学び、それを藩政改革に生かそうとすれば、当面の利を求めてはいけませんよ、義を明らかにすることが大切だよと、重ねて忠告をしたというのである。

利を求めれば不幸になるぞ、それも民衆を苦しめることになると、方谷は継之助に繰りかえし忠告して別れたという。

③藩政改革

河井継之助によって藩政改革が断行される。
それは今まで考えも及ばなかった社会構造の変革を伴っていた。まさに長岡藩の再生だった。
そこには経世済民の思想が流れていた。近代デモクラシーに近い考え方をし、改革の道を進んだ。

村政を改める

慶応元年（一八六五）十月、継之助は郡奉行となった。継之助が評定役の一人となって、藩政改革に直接手を染めることになるのは、この郡奉行就任からである。

まず、第一に領内の各組の代官一同を奉行所に呼び出した。

「足下らは、各種の名義の下に部下や領民より贈物を受納せられる、と聞くが、これは足下らの私欲に出ずるものでなく、藩の給与が、不十分のため、かかる結果を馴致せしものと思うが、実に同情に堪えぬ。いかほど、増給することに致したらよいか、少しも遠慮するに及ばぬ、足下らの希望にそうよう、尽力いたそう」

と言ったとある。

代官らは驚き、向後は賄賂を受けないとそこで約束したという。

また、山中騒動《やまなかそうどう》という農民一揆を、継之助は一人で出かけ説得によって鎮圧している。農民に向かって「不届き者、大馬鹿者」と怒り「たとえ、その方たちに道理があっても、法に背けば罪になる。罪になれば悲しむ者は家族だぞ」と諭し、解決したという。

この騒動で当事者だった庄屋、農民双方から、その後慕われたというが、まさに大岡裁きであったのだろう。庄屋の石塚家では継之助を恩人として、継之助の死後、裁定のあった十一月十五日に法事を行い、継之助の肖像を飾り、継之助が好きだった桜飯《さくらめし》を供えたということである。

相互扶助制

陽明学を学び、経世済民を第一主義とする継之助にとって、農民などの民衆の苦しみをとりのぞくことが施政の方針であった。特に凶作は、施政者にとってもっとも過酷な処断をさせる結果となった。凶作となれば、収穫のない民に過酷な課税をせまることになる。その凶作の大部分は洪水によるものだった。また、長岡藩領は信濃川沿岸地が多く、ひとたび洪水が発生すると何万人という民衆が苦しんだ。そのため、長岡藩は古来から一郷ごとに社倉★を設けていた。しかし、農民は現実的で社倉の管理を次第におこたるようになった。

　これを憂えた継之助は相互扶助の制度を農民たちに諭し、社倉を再建し、自治的な救済法を示達・実行させた。

藩庫を豊かにする

　継之助は郡奉行から町奉行も兼ね、そのうえの奉行役となり、ついには家老まで登りつめた。

　長岡藩では異例の昇進である。その間、藩政改革が断行され、次々と新しい施策が実行されていった。

　寄場《よせば》★の新設、造士寮《ぞうしりょう》★の設置、勘定所など諸機構の改善、河税《かわぜい》の廃止や自由商品の一部解禁、収納米の藩営などを実施して豊かな藩財政を目指した。

　そののち、兵制を改革し、強兵を育てていこうとする。それらはまさに近代そのものの先取りであった。近代経済を封建時代に先取りしていたのである。特に、河井継之助は、会社というものをつくり、あたらしい産業を興そうとしていたことでも知られ、先覚的な人物であった。

▼社倉
飢餓救済のための穀物倉庫。

▼寄場
慶応二年(一八六六)河井継之助によって建てられた徒刑場。以前、長岡藩は軽犯罪者を領外へ追放していたが、以後、追放をやめ、寄場に入れて更生させるよう努めた。

▼造士寮
有用な人材を育成するための施設。寄宿舎制とし、学力の向上・品性の陶冶を図ることが目的であった。河井継之助の発案で慶応三年十月に設けられた。

禄高改正で兵制改革

慶応四年（一八六八）三月一日に発表された禄高改正は、河井継之助の改革の頂点に位置するほど、評価の高いものである。

改正は藩士の禄高を百石に平準化しようというものであった。上を削り、下を増やす方式で、当時としては画期的な改正であった。

ただ、百石に平準するといっても、二千石は五百石に、二十石が五十石になるというふうに、極端な改正ではなく段階的であったことが目新しい。

継之助にいわせれば、これを以て、人心の一致をはかり、富国強兵の長岡藩ができるというのだ。砲兵団や銃隊という新しい西洋兵制の軍隊をつくろうとしていた継之助の構想が、実現しそうになった改革案であった。しかし、この改革そのものは、勃発した戊辰戦争によって水泡に帰してしまう。

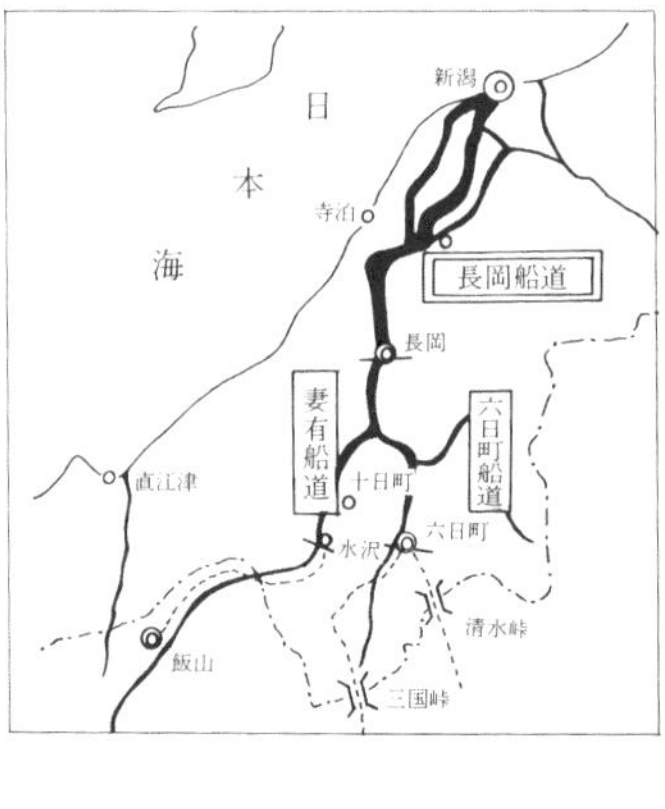

河井継之助は改革のひとつとして、慶応三年十二月、新潟・長岡間の船道権（河川通行権）を解放した。

戦前まであった帆船

第六章 戊辰戦争で長岡藩が戦う

命運を賭けた小千谷会談は決裂。長岡藩は戦火に巻き込まれた！

1 長岡藩の位置

幕末の長岡藩は佐幕の政治姿勢をつらぬこうとする。幕府を支える一譜代大名として、忠節を尽くそうとするのである。その選択は、長岡藩に不幸をもたらす。北越戊辰戦争の勃発は、長岡藩の政治姿勢が招いた戦争だった。

朝廷へ建白書をあげる

歴代藩主が幕府老中職に就いていた関係上、天下の形勢に無関心というわけにはいかなかった。長岡藩はいやおうなく、幕末動乱の渦に巻き込まれてしまうのである。

慶応三年（一八六七）の暮れ、大政奉還《たいせいほうかん》の報せを聞いて長岡藩十二代藩主牧野忠訓と河井継之助らは急遽、京都に向かう。将軍家の危急を聞いて、今こそ忠義を尽くす秋《とき》だというのが、当時の長岡藩の姿勢だった。多くの藩が天下の形勢をみきわめてから動こうとしたのに対し、長岡藩は、まことにけなげな藩だということがいえる。

大坂に入り、京都に行き、朝廷と旧幕府関係者に建白書《けんぱくしょ》を差し出している。そ

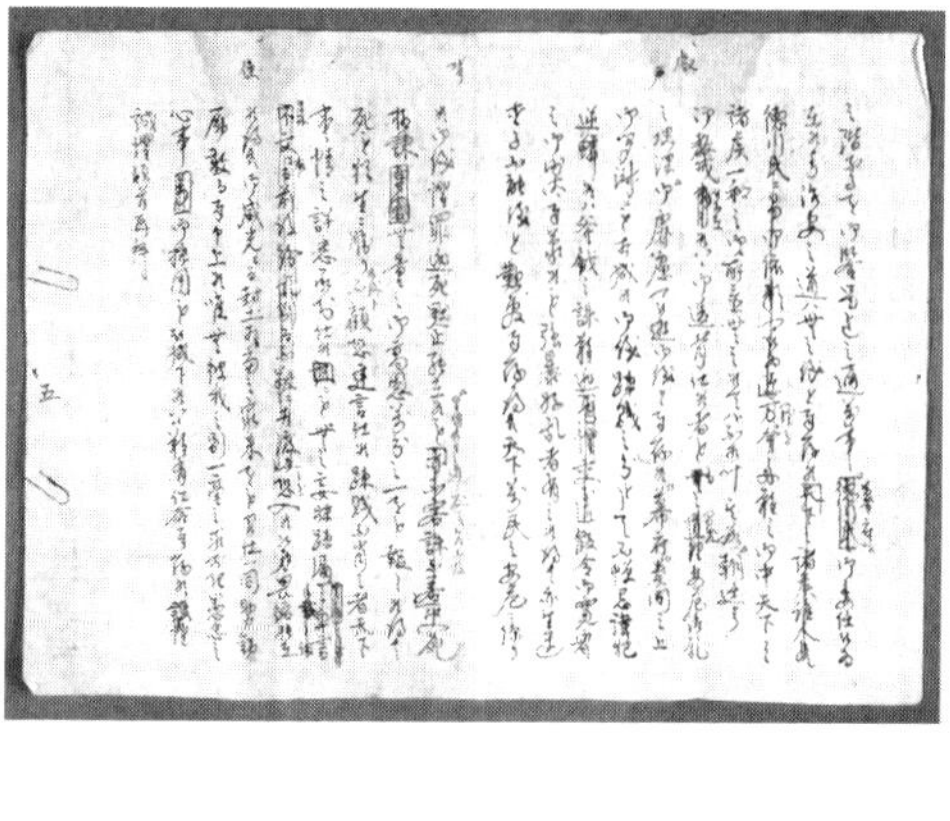

継之助による建白書

のうち朝廷に差し出したもののなかには「万民塗炭に苦しむと御憂慮あらせられ、依て疑うは乱の階なるをおかんがみ、これまでの通り、万事幕府へ御委任せられ候より治安の道はこれなく儀を存じ候」とある。すなわち徳川政権を復活させよと建言をあげたというのだ。

小千谷談判

長岡藩は鳥羽伏見の戦いに、東軍の一部として参加している。直接戦闘には参加していないが、大坂の玉造口《たまつくりぐち》の玉津橋を警備している。敗報が伝わると、藩兵をまとめ、江戸に帰った。そして、ガトリング砲★等の兵器を買い求め、帰藩した。

朝廷が第十五代将軍徳川慶喜や会津侯を征伐するための征討軍を各道★に進発させると、各地で小競り合いが始まった。旧幕府側も東北諸藩を中心に同盟を結び、朝廷の征討軍に対抗しようとしたのだ。戊辰戦争は日本各地に戦火を及ぼす。長岡藩はどちらにつくかあきらかにはしていなかった。

そこで、慶応四年(一八六八)五月二日の小千谷《おぢや》談判が行われる。その日は雨。場所は小千谷町の寺町の慈眼寺《じげんじ》。対するは、新政府軍、東山道先鋒総督府軍軍監《とうさんどうせんぽうそうとくふぐんぐんかん》

▼人々が塗炭の苦しみを味わうことを心配し、また戦乱が始まることを考え、これまでの政権、つまり徳川氏に政権を返すことが平和の道だ。

▼**ガトリング砲**
アメリカ人のガトリングが南北戦争の際発明した手動機関銃。二〇〇～三〇〇発の連射が可能だった。河井継之助は横浜の貿易商ファーブル・ブライトから一門三千両で二門購入した。

▼**各道**
各方面

岩村精一郎と、薩摩・長州藩士。長岡藩は河井継之助と軍目付の二人である。

継之助が、「会津征討というなら戦いとならぬよう仲介しましょう」と言うと岩村らは「会津征討に加わらねば、会津藩同様に征伐するぞ」と言う。

継之助はこの談判に何かをかけていた気配がある。それは、新しい日本国家構想を話し合おうとしたのではないかということだ。岩村らに「なぜ会津征討をするのか、それよりも新しい国造りに協力しようではないか」と言ったというのだ。

藩という国家から日本という国家を話し合うための談判ではなかったかと思われる。

岩村らは、そういう提案に応じられなかったから、談判は決裂し、長岡城の攻防戦が始まった。

小千谷・慈眼寺
（河井・岩村の小千谷会談の行われた部屋）

② 戦い

改革によって創りあげた強兵・新装備の長岡藩兵。

兵力千四百余名の長岡藩兵が、怒濤のように押し寄せる新政府軍約二万名と対決する。

落城した長岡城を奪還するという快挙は歴史に残るものだった。だが、その戦いのなか河井継之助は陣没した。

榎峠・朝日山の戦い

長岡藩兵らは、藩境の榎峠《えのきとうげ》を占領している上田藩兵を攻撃して、本格的な戦闘が始まった。榎峠は三国街道の要所であった。三方から奥羽越列藩同盟軍側が攻め、上田藩兵ら新政府軍を攻め落としている。榎峠が長岡藩兵に占領されると、谷を隔ててそびえる朝日山の攻防戦に移っていった。長岡藩兵ら同盟軍側は、その頂上を占領して優位だった。

五月十三日、濃霧を利用して新政府軍の長州藩奇《き》兵隊《へいたい》が攻撃する。戦いは奇兵隊に惨々だった。指揮官の時山直八が戦死し総崩れとなる。このときの敗戦を憂えて、山県狂介《やまがたきようすけ》（有朋）は、「仇守るとりでのかがり影ふけて夏も身にしむ越の山嵐」と詠む。越後の戦いに負けるようになれば、維新は、成就しないと嘆く

二見虎三郎

のである。

長岡落城

朝日山戦のほうは同盟軍が優位にたっていたが、新政府軍は信濃川左岸に一隊を集め、攻撃をしてくる。慶応四年（一八六八）五月十九日早朝、洪水で濁流渦巻く信濃川を小舟で渡って、長岡城を衝く。この危急に河井継之助は、ガトリング砲一門と藩兵を率いて救援に駆けつける。大手門の前にガトリング砲を据えて応戦をするが、長岡城は落城してしまう。

この戦いは、長岡城下を火の海にしている。その間を町人たちが逃げ惑った。藩士家族らも、森立峠《もったてとうげ》を越えて遠く会津若松城下に逃走する者もいた。

長岡城は一日で落城し、長岡藩兵らは蒲原方面に逃走した。そこで、長岡藩兵は、再起を期すのである。

長岡藩兵は長岡城を奪還し、妻子を取り戻すことが、長岡藩士の務めだといい、城を失っても一致団結して戦うのである。

伊東道右衛門の死闘
長岡藩士で槍の達人だった伊東道右衛門は、この時すでに六十二歳の老武者だった。大音声で「われと戦わんと欲する者、来て勝負せよ」と叫び戦った。しばらくは槍で戦い続けたが、最後は銃で打ちたおされた。近代的な兵器を装備した長岡藩だったが、老武士の気質は三河以来そのままだった。福島江のほとりに道右衛門の碑が残っている。

長岡城奪還戦略図

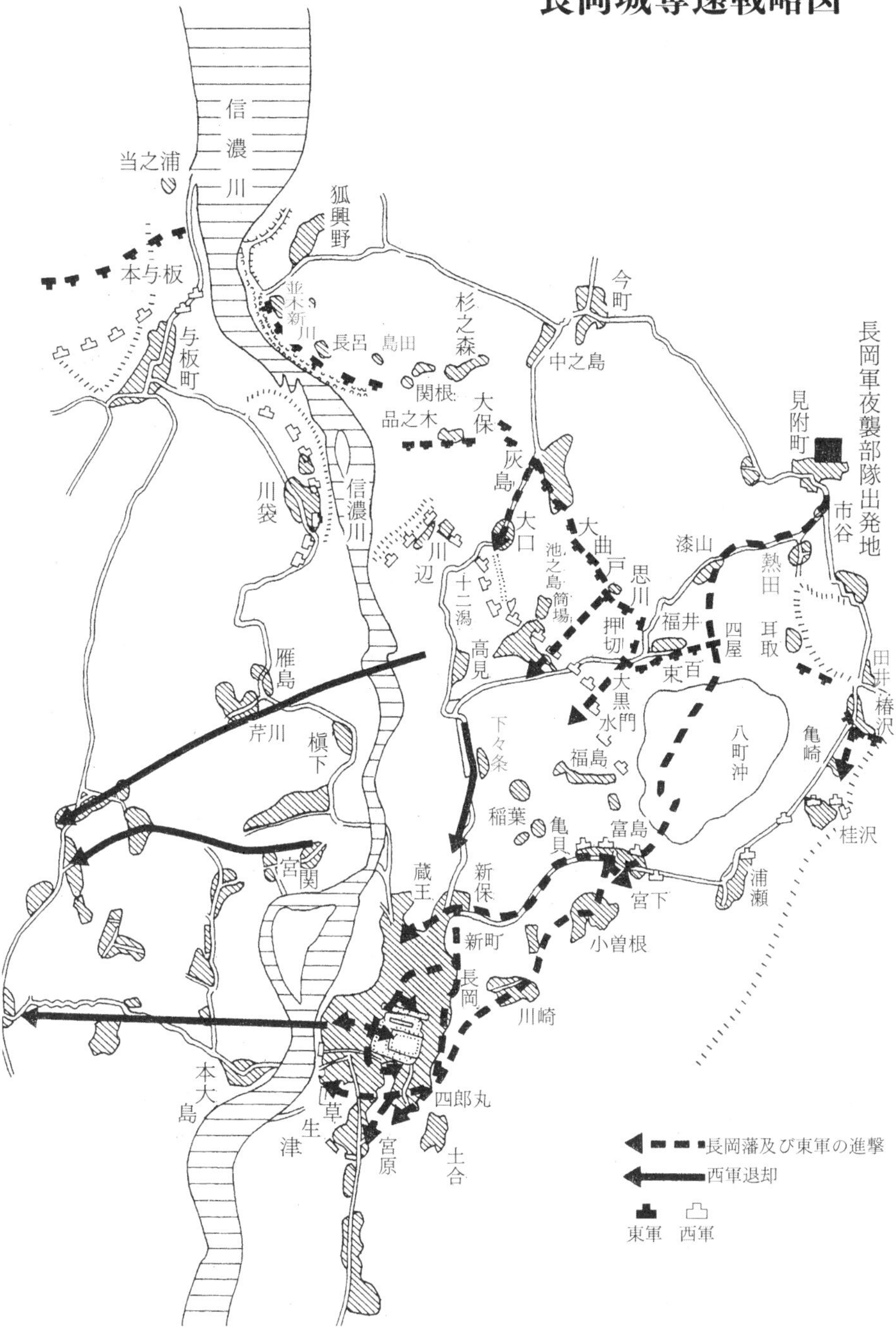
信濃川
当之浦
本与板
与板町
狐興野
並木新川
長呂
島田
杉之森
今町
中之島
関根
品之木
大保
灰島
川袋
信濃川
川辺
大口
十二潟
池之島筒場
大曲戸
思川
漆山
熱田
見附町
長岡軍夜襲部隊出発地
市谷
福井
押切
四屋
耳取
田井
椿沢
高見
東百
大黒門
雁島
芹川
槇下
下々条
水
福島
八町沖
亀崎
稲葉
亀貝
富島
桂沢
宮関
蔵王
新保
宮下
浦瀬
新町
小曽根
長岡
川崎
本大島
四郎丸
草生津
宮原
土合
長岡藩及び東軍の進撃
西軍退却
東軍
西軍

長岡城の奪還

今町《いままち》の陽動戦は、河井継之助の采配が見事に成功した戦いだった。六月二日、紺飛白《こんがすり》の単衣《ひとえ》に平袴《ひらばかま》を着け、軍扇を手にし、白馬に乗った河井継之助の勇姿は長く人びとの記憶に残った。本街道を山本帯刀《やまもとたてわき》が指揮する一隊がおとりとなって進み、脇街道から継之助が指揮する同盟軍が、新政府軍陣地に攻撃をしたのである。

戦いがたけなわになったとき、戦場にとり残された農民たちに向かって継之助は馬を走らせながら「戦いが終わったら焼けた家を二倍にして返そうぞ」と叫んでまわったとある。

その後、大黒戦《だいこくせん》や福島戦《ふくしません》を経て、八町沖《はっちょうおき》の渡河戦を敢行して長岡藩兵は長岡城を奪還する。長岡城を奪還したことが、のちの長岡が町造りをするにあたって一種の自信となった。「薩摩、長州、何するものぞ」という気風を生むのである。

明治期に描かれた北越戦争長岡城攻防戦（当時の時世を慮んばかり、時代を戦国に設定している）

継之助の死

長岡城を奪還した際、河井継之助が負傷した。この指揮官の負傷が再度の落城となり、長岡藩兵は会津若松へ向かって逃走する。

その途中、河井継之助は側近の侍に、次のようなことを述懐している。

「勝った者も、負けた者も、武士は大勢の百姓に負けてしまう。見苦しいことをせずに武士の絶えないうちに、潔く死んだらよかろう」

八十里越えをし、継之助は、会津塩沢《あいづしおざわ》に入った。医師の矢沢宗篇《やざわそうへん》宅にかつぎ込まれたときはもう死期を迎えるだけだった。八月十五日夜、継之助は従僕の松蔵を枕元に呼び、「松蔵や永々厄介してくりゃってありがたかったでや」と、感謝の言葉を言ったという。ついで、「我の死後の用意をせよ」と言いつけた。松蔵は夜を徹して棺をつくり、納骨箱をつくった。翌朝、これを見て喜び、「梨を食べたい」と言ったという。そして、しばらく談笑し、昼寝をすると言って人をさけそのまま昏睡状態となり、八月十六日午後八時頃没した。

長岡藩の降伏

長岡藩兵の多くは会津若松に逃れ、会津戦争を戦う。九月八日の飯寺《にいでら》の戦いでは、藩兵に戦死者も出て、多くの者が濃霧のため敵を誤認したため捕らえられてしまう。

そのときの隊長、山本帯刀は「我が藩のいまだ停戦をせよという命を聞かず」といい、斬首されてしまう。多くの藩兵が故郷のほうに向かったり、藩主のいる方角に坐礼をしながら、斬られていったという。

長岡藩兵はその後、仙台へ逃れそこで降伏する。九月二十五日のことであるが、新政府軍は流浪の長岡藩兵を相手にせず、なかなか降伏を認めなかった。ようやく降伏し、その後、雪の中を故郷に帰ってきたのは、十一月頃であった。藩士一同が見たものは焼け落ちた長岡城と城下町が雪に埋もれている殺伐とした風景だったという。

松井策之進と兵士

北越戊辰戦争年表・長岡藩関係

慶応三年（一八六七）

十月　大政奉還

十二月二十二日　河井継之助は長岡藩主牧野忠訓の名代として、議定所に建白書を提出。

慶応四年（一八六八）

一月三日　戊辰戦争が京都郊外の鳥羽・伏見で勃発。
長岡藩兵は佐幕側として、奈良街道の大坂玉津橋を警備。

二月　長岡藩校崇徳館教授ら勤皇の意見書提出。

三月一日　長岡藩主牧野忠訓は帰藩。家臣に総登城を命じ、兵制改革のために禄高改正を発表。

三月二十八日　河井継之助帰藩。

四月一日　長岡藩士総登城。藩主・老公出座のもと、河井継之助が天下の形勢、藩の方針、藩士の心得を説明。

四月三日　旧幕府脱走兵の衝鉾隊の古屋佐久左衛門と河井継之助は、会津藩・村松藩士らとともに同盟を結ぶという。

閏四月二十六日　衝鉾隊・会津藩兵が雪峠（小千谷市）で新政府軍と戦う。
長岡藩兵ら摂田屋村光福寺を本陣にし、河井継之助が軍事総督となる。

五月二日　河井継之助と新政府軍の東山道先鋒総督府軍軍監岩村精一郎らが小千谷の慈眼寺で会談。いわゆる小千谷談判。談判は決裂。

五月三日　片貝で会津藩兵と新政府軍が戦う。

五月六日　赤田で桑名藩兵らと新政府軍が戦う。

五月九日　長岡城中で同盟軍側の軍議。

五月十日　榎峠で戦いが始まる。

五月十一日　長岡藩兵ら朝日山山頂を占領。

五月十三日　朝日山攻防戦。同盟軍側の勝利。新政府軍参謀時山直八戦死。

五月十九日　長州藩軍監三好軍太郎ら信濃川を渡河奇襲。
また、薩摩藩も渡河し、長岡落城。

五月二十二日　会津・米沢・長岡藩兵らの同盟軍が加茂（加茂市）で軍議。

五月二十四日　杉沢村（見附市）で戦い。

五月二十六日　人面、文納（栃尾市）で戦い。

六月一日　赤坂峠（下田村）で戦い。

六月二日　今町（見附市）で戦い。同盟軍の勝利。

六月八日　森立峠（長岡市）で戦い。

六月十四日　川辺・大黒（長岡市）で戦い。

六月二十一日　福島・大黒・亀崎（長岡市）で戦い。

六月二十二日　八町沖を渡河し、福島村で戦い。

七月二日　大黒・筒場・福井（長岡市）で戦い。
七月二十四日　長岡藩兵に八町沖渡河の指示。
七月二十五日　長岡藩兵、八町沖を渡河し、長岡城を奪還。その際、河井継之助負傷。
七月二十九日　新政府軍総反撃、長岡城が再び落城。
八月二日　長岡藩兵ら八十里越えをし、会津へ。
八月十六日　長岡藩軍事総督河井継之助、会津塩沢で没す。
九月二十五日　長岡藩降伏。

（上）長岡藩名臣之碑
（右）鬼頭熊次郎魚ろうの図

鬼頭熊次郎の碑

長岡城奪還――最大の功労者は知行わずか三十二石、鬼頭家の次男坊だった。

八町沖渡河作戦は、河井継之助が起死回生を狙った乾坤一擲の奇襲戦だった。六百名の兵士が、浅瀬を伝い、無事に沼沢地を渡りきらなければならない。この先導役を務めたのが、熊次郎だった。熊次郎は貧しい家計を助けるために毎日のように八町沖に出かけ、魚を穫っていたのである。熊次郎は見事に先導役を果たしたが、富島に上陸した途端に銃弾を浴び、戦死した。

富島町の日光寺境内に熊次郎を褒め称える「長岡藩名臣之碑」が建っている。

長岡散策

北越戊辰戦争を歩く

戊辰戦争の史跡を辿り、ありし日の長岡藩を思う——

長岡藩本陣跡（光福寺）

●長岡市摂田屋

慈眼寺での会談の後、河井継之助は諸将を摂田屋村の光福寺に集めて、「開戦やむなし」と士気を鼓舞した。5月19日、長岡城が落城して、同盟軍が加茂に撤退するまで本陣として使われた。

慈眼寺

●小千谷市平成２丁目

戦乱の前夜、最後の交渉のために、河井継之助と岩村精一郎との小千谷会談が行われた場所。密談の要素が強く、どのようなやりとりが交わされたのか今も正確にはわからない。とにかく交渉は決裂し、長岡藩は戦争への道を進むことになる。

維新の暁鐘（西福寺）

●長岡市渡里町

５月19日早朝、新政府軍は大島・槙下から信濃川を渡り、侵攻してきた。これに気づいた藩士が打ち鳴らした鐘。

大黒古戦場パーク

●長岡市大黒町

大黒村は新政府軍の最前線基地で、幾度となく激戦の舞台となった。記念碑が建てられ、五十六の書が刻まれる。

八丁（町）沖戦場パーク

●長岡市富島町

歴史に名高い八町沖渡河作戦。深田の多い湿地帯。7月４日、継之助率いる600名の長岡藩兵は、兵力で勝る新政府軍を破り、長岡城を一時奪回した。

長岡城址（二の丸跡）

●長岡市大手通

長岡城は戦争で焼けてしまったが、その二の丸跡を示す石碑が更生会館入口の右手にある。本丸跡は今の長岡駅周辺にあたる。

河井継之助の墓

●長岡市東神田

榮凉寺の中にたたずむ。歴史の経緯で、継之助の墓は福島県会津若松市の建福寺、福島県只見町の医王寺にもある。

西軍上陸の地

●長岡市中島

劣勢に立たされた新政府軍は、増水した信濃川を強引に渡河。中島に上陸し、城下に侵攻。長岡城は落城した。

第七章 再興した長岡藩

戊辰戦争の戦禍から、人材の力で復興を成しとげた長岡藩

① 戊辰戦争後の長岡藩

戦火で荒廃した長岡城下。長岡藩は新政府軍に降伏。戦後の悲惨な生活が始まった。
再興した長岡藩には、昔日のような裕《ゆた》かさはなかった。
そんな中で、懸命に長岡藩を残そう、その藩風を伝えようという運動があった。

敗戦後の長岡城下

長岡城をめぐる攻防戦で、長岡藩兵約千四百名中、約三百四十名ほどが戦没した。その家族や領民のなかからも死傷者がでている。長岡城と城下町は焼失、城下町は家中屋敷四九二戸、町屋一四七九戸、足軽屋敷五二二戸など計二五一一戸が焼失。その焼失率は八五パーセント以上だった。領内の村々も戦火で焼かれている。

このような惨状のなかで、長岡藩の戦争が終わった。敗戦後の長岡城下は住む家もなく、焼け残った家に身を寄せあって生活をした。一番困ったのは食糧がないということだった。

一日一杯のおかゆを食べられればよいほうであった。

そんななか、明治元年（一八六八）十二月、長岡藩は二万四千石で再興できることになり、翌明治二年、藩主は十三代牧野《まきの》忠毅《ただかつ》が継いだ。領地は今までの七組のうち、上組と北組だけとなった。その二組は戦場の村であったため、その年、ほとんど収穫がなかった。

当時の長岡藩には、武士階級の人びとが八四八四人もいた。再興長岡藩がその人たちに給与できた米は一人あたり一俵にすぎなかった。

戦争責任者の処分

長岡藩十二代藩主牧野忠訓は謹慎を命ぜられ、代わって牧野忠毅が長岡藩十三代藩主となった。

忠毅は忠訓の義弟にあたり、十一代忠恭の第四子であったが、十歳の少年藩主であった。その少年藩主を、花輪求馬《はなわもとむ》などの老臣が、世話をしている。その相続にあたって、明治新政府は先の戊辰戦争の叛逆首謀者の処分を求めた。第一に総督河井継之助、第二に山本帯刀が名指しされたが二人とも戦死していたので、家名断絶ということになった。長岡藩としても生存者のなかから責任者を一名提出することにした。その際、奉行で軍事掛であった三間市之進《みつまいちのしん》が選ばれた。自ら申

長岡藩軍の指揮官たち（河井継之助・山本帯刀・三間市之進・川嶋（三島）億二郎）

し出たとも、また、くじ引きであったともあるが、いずれか不明である。三間は無期謹慎を命ぜられた。その後、明治二年(一八六九)一月、前藩主牧野忠訓の謹慎が解かれ、同年九月賊名が除かれた。翌三年三月には三間の謹慎が解かれた。三間は三間正弘と名を改め、警視庁に入り、初代憲兵司令長官、石川県知事となった。

一方、家名断絶となった河井家は藩士の森源三に遺族が託された。継之助の両親と妻すがが、城下の旧邸跡に住んだ。山本家は妻千世子《ちよこ》が藩士の陶山万衛《すやまんべえ》に嫁《か》して、富士家をたてた。明治十六年、特典をもって両家は再興を許され、森源三の二男茂樹が河井家を継ぎ、山本家は帯刀の長女たまじをもって相続できることになった。

両家とも明治憲法発布の際、大赦令によって罪名が消滅した。

再興長岡藩の改革

再興した長岡藩は、藩の建て直し、城や町の復興が進まないなか、明治維新の改革の潮流にのみこまれてゆく。明治二年(一八六九)四月の版籍奉還。土地や人民を朝廷に還《かえ》すという改革案は、全国の諸藩と同様、大変に驚愕的な出来事であった。せっかく安堵してもらった藩領地や領民を、一旦朝廷に還すことがどんなことかわからなかった。ただ、藩主の秩禄が十分の一となり、相当額の陸海軍創設費用が徴収されることが藩財政を圧迫することがわかった。藩士たちの秩禄も見直しがはかられ、今までの職制に大変革を求められることになった。

明治二年八月、大規模な職制の改革が行われた。

第一に軽輩出身の小林虎三郎・三島億二郎《みしまおくじろう》らが登用された。

第二に今までの藩庁が、議政局《ぎせいきょく》に改められた。旧家老の執政、旧中老の副執政、旧奉行の参政などの執行部体制を整え、藩主を補佐し、明治新政府の政治を行うこととなった。別に公議人を選定して、政府の指示を受けることも決まった。

ほかに、公務局・民政局・文武局・軍務局・監察局・内政局を設け、円滑な政治を行おうとした。それは、新しい明治新政府の施策に従おうというものであったのである。

たとえば、民政局の役割は、次のように決められている。「!市郷の庶務・租税・山林・堤防・水利を管理《かんり》し、人民を撫育《ぶいく》し、生産を増加することを総裁し、兼ねて社寺駅逓に関することを掌る」。変わったところでは文武局が設けられ、その総督に小林虎三郎が任命された。

小林はそこで、子弟の教育をおろそかにせず、藩財政が破綻したとしても、文

▼町や村の政治、つまり、税の取り立て、山林・堤防・水利の管理の仕事をし、人民をやさしく育てるように慈しみ、生産力を増すよう指揮をすること。また、神社や寺院の管理、また街道の整備を担当すること。

武（学問・武芸）の練磨を一日休めば藩勢の回復が遅れると主張した。以上の局には有能な藩士が登用された。

藩士家族の窮乏

やがて、議政局は政事堂と改称され、藩主は知藩事として、新しい職名を設けた。大参事、権大参事・少参事・権少参事・士正・卒正などの明治新政府らしい職名である。

大参事には旧家老の牧野頼母、三島億二郎、小林虎三郎が任命された。江戸時代の禄高百石儒学者の小林虎三郎と三十七石の三島億二郎は大抜擢だった。

権大参事には旧門閥出身で有能な人物が任命された。ただ、彼らは改名していた。たとえば、花輪求馬は秋田外記《あきたげき》。萩原要人《はぎわらかねんど》は原一平《はらいっぺい》。安田多膳《やすだたぜん》は赤川哲造《あかがわてつぞう》。植田十兵衛《うえだじゅうべえ》は小倉左近《おぐらさこん》。小島助右衛門は松下村主《まつしたすぐり》。大川市左衛門は武部静蔵《たけべせいぞう》などである。

これは朝廷に反抗した理由で憚って姓名を改めたというものである。これは朝敵となった藩に多い傾向である。

しかし、以前の藩の収入は年平均すると米で十二万俵を超えていたのに、再興した長岡藩は、二万二千俵余り。これでは藩の経営ができなかった。

明治新政府に救助嘆願書をたびたび提出したが却下された。そこで、藩士のなかには「殿様の奥方であろうとも、非常の場合は手鍋を提げるのが妥当だ」という者があらわれた。藩士とその家族のなかには粥すら食べられない者も続出した。

大参事の三島億二郎らは倹約を徹底するように指導すると同時に救助の嘆願をたびたび行っている。

紙凧で長岡藩が救われた

長岡藩十三代牧野忠毅（はじめ鋭橘《えいきつ》と名乗ったが、家督を継ぐにあたり忠毅と改名）は、明治元年（一八六八）十二月牧野家を相続している。しかし、その相続御礼に上京しなければならなくなった。付き添いには三島億二郎がなった。明治二年一月十五日長岡を出発し、同月二十七日、東京永田町の拝領屋敷についている。

明治二年一月二十九日、十歳の鋭橘は、宮中に参内することとなった。早朝浴室で身を清め、狩衣直衣《かりぎぬのうし》の礼装にて出発した。御礼の言上は午前十時であったので、午前八時には屋敷を出た。

玄関で三島は応接にでた役人に、「主人は幼く、不案内なので、私も控えの間に入ることをお許しねがいたい」と申し出ている。

控えの間での鋭橘は、退屈しはじめ廊下を通る少年たちと「かけっこ」を始めた。狩衣姿の鋭橘ではなかなか走れない。三島はその様子を見て、「よほど止めようかと考えたが、自由に遊ばせておいた」という。

やがて、接見の時間となり、大原重実《おおはらしげざね》少将《しょうしょう》があらわれると鋭橘は平伏し口上書を前に出し、「ありがたき御意。つつしんで御礼申しあげます」と述べた。この言上、まことにあざやかであったという。控えの間にいた三島億二郎は無事相続の儀式が終了したことを見とどけた。

鋭橘は三島のところに駆けよった。そのとき、三島億二郎は涙を流しながら「お約束の紙鳶《たこ》をおあげします」と言い、その労をねぎらった。かねて鋭橘と三島との約束事だったという。長岡藩は一個の紙凧によって救われたのである。

帰農・帰商

武士は元来、生業をすることを卑しいとされていた。だが、藩米の支給がなく、食べられなくなれば、奉公ができない。そこで、自活の道を探ることになった。

三島億二郎

第一に、柏崎民政局からの援助をもらい、商人たちが興す機業《はたぎょう》などに参加させてもらうことになった。だが、侍の子女が機業をするといっても、その技術を習得している者は少なく、まず授産場の設置がのぞまれた。

早速明治二年(一八六九)二月、産物会所《さんぶつかいしょ》を設置し、高機《たかばた》・糸車《いとぐるま》・座繰《ざくり》などの操作技術を教えることとした。また、養蚕を盛んにするため、城址や自らの屋敷内に桑を植えることを奨励している。同時に帰農・帰商をすすめた。明治三年七月には、藩士一同を集め、「朝廷のご趣意に基づき、帰農商をしよう」と呼びかけている。帰農商とは侍が農民や商人になることであり、侍の名誉が失われることであった。これに対し、藩士のなかで、帰農商に応ずる者が多く出た。

これは窮乏の長岡藩を直視し、藩を救うためには、自らの秩禄を返上して、長岡藩を助けることだとする人びとが多かったことによるものだ。

長岡藩の終焉

藩士らは自活の道を探った。藩主の牧野氏はその模範となろうと率先して、酒屋を営む。屋号を牧野家の紋所から柏屋と称し、酒銘を柏露《はくろ》と称した。案外酒はおいしく繁盛した。人びとは殿様酒屋と呼んで親しんだ。家老の稲垣家は旅館業を営み稲荷屋と称したし、製油業・牧畜業・マッチの製造などを行う者もいた。近代化にともなって靴屋や足袋製造をする者もいた。染め物業をする者も多くいた。どちらかというと純粋な商業をする者は少なく機業などの工業・製造業に従事する者が多かった。教員や役人や巡査になった者もいたが、そう多く採用されるものではなかったから、数が限られた。

その一方では長岡藩財政が全く立ち行かなくなり、三島億二郎大参事らは、牧野忠毅知藩事《ちはんじ》の辞任を明治政府に願い出ることが良いという結論となった。いわば藩の廃業である。

明治三年十月牧野忠毅は三島億二郎とともに上京し、依願免官《いがんめんかん》を申し出た。その申し出は許可され、廃藩となり、長岡藩は柏崎県に吸収された。ここに牧野氏の長岡藩が二百五十二年の歴史を閉じることになった。

長岡藩廃藩

明治三年(一八七〇)十月、長岡藩はついに力が尽きて廃藩となる。明治新政府が廃藩置県を断行する十カ月前である。

廃藩にあたり、十三代藩主牧野忠毅は、東京へ去り、慶応義塾の学生となる。

牧野忠毅

そのとき旧藩士たちはお慕い願いを出し、藩主が長く、長岡にとどまってくれるよう願書を出している。同時に商人や農民代表も、長岡藩主の東京行きを嘆き悲しんだ。政治・経済・教育文化などのすべての面で、長岡藩の影響が大きかった。そこには、長岡藩らしい独自性、つまり個性がたくさんあったのである。民衆はそのことがなくなることを怖れ、悲しんだのである。しかし、敗れた旧長岡藩には、負けじ魂という一種の不屈な闘魂が生まれたことも確かである。

②米百俵と国漢学校

耐えることから生まれた思想。それが米百俵の故事から興《おこ》った教育第一主義だった。教育によって人を育て、町の復興をはかろうというのである。その中心にあった国漢学校は長岡藩風から育った世界観をもって、人材を育成する。

国漢学校の創設

明治二年（一八六九）五月、再興した長岡藩は、焼け残った城下四郎丸村《しろうまるむら》昌福寺《しょうふくじ》を借りて、仮学校を開校した。藩校では漢学だけ教えていたが、この仮学校では国学を教えることになった。だから、仮学校を国漢学校と呼んだ。しかし、肝心の国学と漢学を教える教師がいなかった。藩外から招請する資力もなく、しかも、越後の国学者は農民出身の草莽の志士が多かった。最近まで戦った相手である。そこで国漢学校では外史・政記のような漢文で書いた国史（日本の歴史）を教えた。曹洞宗寺院で由緒ある昌福寺には、大きな本堂と庫裡があったが、百人以上の子弟が集まって講義を受けるには手狭だった。

明治三年、学芸修得が復興の第一だとする小林・三島ら藩の首脳らの意見が通

小林虎三郎

り、もと城内・山本帯刀屋敷の跡の坂之上町二七番地に演武場と学堂が新築された。その建設にかかる予算はおよそ三千両。同年四月二十二日には演武場、六月十五日には国漢学校が新築移転。同時に国漢学校内に洋学局《ようがくきょく》・医学局《いがくきょく》などを設けた。この新築移転の最中、三根山藩からの見舞米百俵が贈られたが、その米を金に代え教育資金にしたことから、米百俵の故事が生まれ、教育第一主義の風潮が長岡の歴史に輝きを与えることになる。

三根山藩から見舞米が贈られた

米百俵の故事は、明治三年（一八七〇）五月に起こっている。長岡藩の分家に三根山藩があった。越後国蒲原郡の峰岡《みねおか》にあった一万一千石の小さな藩だったが、本家の長岡藩とともに奥羽越列藩同盟に入り、新政府軍と戦った藩だ。もっとも犠牲者を出さないうちに降伏し、藩の存続が保たれた。

その三根山藩が長岡藩の惨状をみかねて、百俵の見舞米を贈った。一万石余りの小藩にとって、百俵の供出はきびしいものがあった。その難関を越えて、百俵の米が贈られてきたのである。

百俵の米は舟で信濃川を遡上し夜半に城下の上田町河戸《うえだまちこうど》に到着。ただちに荷車で蔵屋敷まで運ばれている。一説によると、表町や裏町の商人の手に渡ったという説もあるが定かでない。実は当時の政庁としても、百俵の見舞米には当惑した感があった。当時、長岡藩では飢餓が藩士家族を襲っていた。そこで政庁は当面、面扶持《めんぶち》★の非常手段で、その飢餓をしのごうとしていたのである。そこへ百俵の米がきた。当然、緊急措置として配給が議論されることになった。政庁首脳部の小林虎三郎・三島億二郎両大参事と槇清記《まきせいき》少参事は配付せず学校資金に使うことを提案した。他の評定役は配付を支持した。そこで、小林虎三郎大参事が強烈に子弟の教育を説いた。

米百俵の代金はおよそ二百七十両余りとなったというが、国漢学校・演武場《えんぶじょう》・兵学校・医学局・洋学局にそれぞれ配付され、書籍代などの教育資金となった。

▼面扶持
江戸時代、飢饉になった際、藩が家臣の扶持を引き揚げ、ひとり一日あたりの均等の米や副食物を支給した。

国漢学校の教育

当時の大参事小林虎三郎が政《まつりごと》を行うなかでもっとも情熱を注いだのが国漢学校であった。明治三年(一八七〇)六月十五日の新築開校にあたって、自ら「大学」を講義した。そのとき、今までだったら、藩主に向かい講義をするものだが、小林虎三郎は藩主牧野忠毅以下重臣の前に出て「これからの君子とはどうあるべきか」をとうとうと説いたという。

新築されたのは演武場と国漢学校だけだったが、とりわけ国漢学校は、今までの藩校とは違った構造になっていた。それは資金不足という感をぬぐえないが、校舎の構造はユニークなものだった。平屋建てで、正面玄関の左手に生徒の入り口があり、廊下をへだてて四教室、右脇には二教室あった。ちょうど、今日の学校のように教室が並んでいたのである。いかにも教室中心に建てていて、管理する教員室は左の奥にあった。

この見取図を見ると、小林虎三郎が日ごろ唱えていた学ぶ者が中心となる学校の理想を説くようであった。また、教室は小さく、教師からもよく指導できる構造になっていた。卒業生たちは、今のゼミ方式で新しい知識を学んだと後年語っている。国漢学校では、どしどし洋学や実用の学問を教えたという。また、平民も入学を許可されていたが、国漢学校が存続していた二年間に入学した者はいなかった。

教授たち

国漢学校の教師たちは、以前の藩校の教授たちが採用されていたわけではな

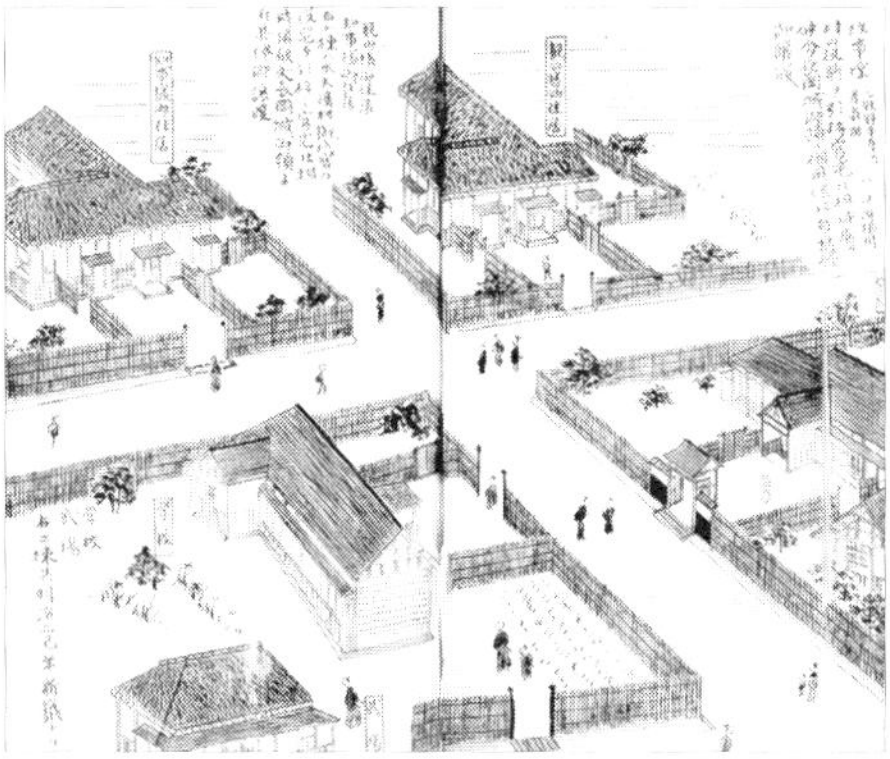

国漢学校

かった。むしろ、江戸遊学などで新しい知識を身につけてきた若者を採用した。

たとえば西洋医学教授試補には、長崎の精得館・緒方洪庵の適塾で学んだ椰野《なぎの》直《ただし》が登用された。彼はのちに長岡会社病院《ながおかかいしゃびょういん》（長岡赤十字病院）で医師、院長として活躍する。また兵学訓導試補となった九里孫次郎《くのりまごじろう》は、江戸遊学で学んだ知識が基で教授方に採用された。九里はこののち日本の海兵隊の創設に尽力し海軍大佐まで進んだ。しかし、この海兵隊は西南戦争の際、西郷隆盛軍に同情的な姿勢をとったため日本の軍隊から消えた。

洋学句読師に採用された渡辺譲三郎《わたなべじょうざぶろう》は、のちに日本最初の農耕地の土地改良を手がけた。肝心の国漢学の訓導師には田中春回《たなかしゅんかい》が抜擢された。田中は崇徳館ではようやく助教になった若者だった。同じ訓導師の大瀬虎治《おおせとらじ》は政庁の政治姿勢にいつも反旗をひるがえす硬骨漢だった。そういう類いの人物ばかり集め、個性的な教育を行ったのが国漢学校の実態である。

このような方針は当時、大参事・文武総督の地位にあった小林虎三郎のさしがねであった。小林は生半可な教育では人材が育たないことを知っていた。教授方に、学問の時流の速さに適応できる能力を持つ者を選んだのだ。

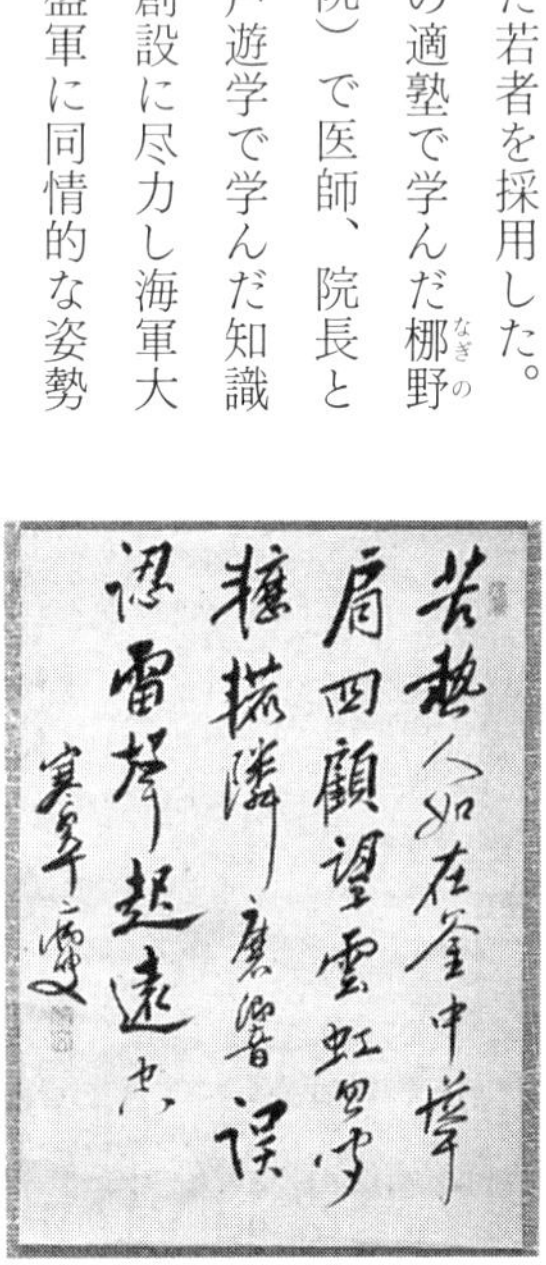

小林虎三郎書

苦熱《くねつ》、人釜中に坐する如し
肩を聳《そびやか》して四顧《しこ》して雲虹《うんこう》を望む
忽《たちま》ち聞く轣轆隣磨《れきろくりんま》の響《ひびき》
誤り認む雷声遠空に起るかと

寒翠病叟

小林虎三郎の教育観

では、大参事小林虎三郎の教育観はどこからでてきたのだろうか。

禄高百石の小林虎三郎は、佐久間象山門下の二虎と称されたほどの人物だった。だが、師の象山の横浜開港説を主君牧野忠雅に進言し、けん責を受け国元に幽閉された。その幽閉中にまとめた教育論が『興学私議《こうがくしぎ》』である。主張は教育が「国家富強万世治安の計」であるという。つまり、教育によって人を育てれば国は富み、世界が平和になるというのだ。その教育は人がそれぞれ本来持っている特質を生かし、助長させることが大切だという。

この教育論は安政六年（一八五九）に書きあげたもので九年後に戊辰戦争が勃発し、長岡藩が敗れ長岡城下が焼け野原となり、人びとが飢餓にあえいでいるなかで、はじめて光を放つことになる。つまり大参事・文武総督を拝命して、長岡藩をリードする立場となった小林虎三郎が、教育を最重要課題として捉え、人材を育成し、それによって町を復興しようとした考え方が、実践されてゆくのである。

国漢学校の授業

国漢学校では明治二年(一八六九)一三六人、明治三年一七五人の生徒が学んだ。当時、生徒であった渡辺廉吉《わたなべれんきち》は、その授業ぶりを次のように語っている。

「学風は独習を主とした。今までの藩校は漢学、つまり儒学を学ぶところであったが、講釈をしないで、素読ばかりを教えていた。ところが、国漢学校は解義を主として、自分で読んで分らないところは先生に質問するようにして、私は、田中春回先生の塾にいた篤学な沢彦弥《さわひこや》氏の指導のもとで書籍を選択して読習した。教科書は史記・左伝・近思録・四書の類が選ばれたが、なかでも漢訳『地球略説』は面白かった。私らはこの『地球略説』ではじめて地球が丸いことを教わって不思議に思ったが、諸々の証拠をあげているので納得した洋学生もいたし、英語も習った」

渡辺廉吉はのちに内閣の大書記官《だいしょきかん》となったり行政裁判所の評定官（判事）となった人物である。国漢学校で学んだ学問が役に立ったと回顧しているのである。その渡辺の話によれば、国漢学校の授業は、今までの藩校とは違っていたというのである。ただむやみに教科書を読むのではなく、その文章の意義を探ろう、わからないところや教えてもらいたいところがあったら、担当教官に聞いて学ぼうというのである。なかでも科学的な教科にとても興味を持った様子が記されている。学問が面白いものだと学校で知ったというのだ。

何を学ぶか

国漢学校に入ると生徒は、まず地理を教えられたという。地図や地球儀をみせ、生徒がどこに住んでいるのかをたしかめさせた。自分の位置を知り、知らない世界を探る。このような地理の勉強は、生徒たちに新しい価値観を考えさえ、世界観を育む教育につながっていった。これは国漢学校の教育の特色だろう。

後年になるが、小林虎三郎は、日本で最初の日本史の教科書を出版している。『小学国史《しょうがくこくし》』である。それも国文（日本語）で書かれた教科書である。従来、日本は儒学を尊重するあまりに中国の歴史を勉強してきた。江戸時代に水戸侯が『日本外史』『日本政記』等を出版するが、漢文で書かれた日本の歴史であった。小林虎三郎は日本語で日本の歴史を最初に紹介した人物である。その出版の趣旨は、自らの祖先の歴史を学ぶことが、愛郷につながり、平和を考える人間に育つというのである。

また、明治七年（一八七四）に『徳国学校論略《とくこくがっこうろんりゃく》』を日本人読者のために訓点を施して刊行しているが、これは当時のプロシア（ドイツ）の職業専門教育制度を紹介したものであった。当時のドイツは国民皆学を目指しており、その国力は増強されつつあった。その教育制度は、初等・中等そして専門学校というふうに整備されつつあったのである。虎三郎はその内容に注目し、今まで店に奉公しておれば商人になれたが、近代は商業学校を卒業することが商人になる道だと説いたのである。このような考え方は、長岡藩が戊辰戦争に負け城下が焼亡した後、復興のなかから生まれてくる。

長岡社

明治三年（一八七〇）十月、長岡藩は廃藩するが、長岡藩時代の崇徳館の教育や国漢学校の教育を受け継ぎ、伝えていこうという人びとが多かった。それはどんなに苦しくても学問や身体を鍛えることを一日でも休めば、町の復興や産業の振興が遅れることになるという教育第一主義の信念からでたものであった。

明治五年十一月、長岡洋学校ができ、人材の輩出の基をつくる。そこには旧長岡藩士族の子弟だけではなく、平民の子弟も入校した。また明治九年、小林虎三郎の弟雄七郎《ゆうしちろう》が提唱した、日本最初の民間育英団体の長岡社が設立された。その設立趣旨はつぎのように書かれている。

「旧長岡藩人たるを以て、この社を起こさざるをえず」。つまり、旧長岡藩に集う人びとがいるからこそ、この育英団体長岡社を設立したのだという。次に、すべからく士になるために義を養うのだと述べている。つまり、武士の誇りを持とうというのである。

四民平等の今こそ、農民も商人も職人も武士になるために教育を受けようと提唱したのである。長岡社は長岡藩出身者や近郊の豪農たちに出資をしてもらい、多くの貸費生を援助した。

その結果、多くの人物を近代日本に送り出している。

③ 長岡藩の人材

藩が輩出するものといえば、それは人材である。
長岡藩で育った人材は、日本や世界を舞台に活躍してゆく。
彼らが心の拠り所にしたのは、もうなくなった長岡城であり、城下町に残っていた町並みの面影だった。

渡辺廉吉とその兄豹吉

長岡藩は明治維新後、幾多の人材を輩出し近代日本の形成に貢献した。それは旧長岡藩士族出身者に限らず、長岡藩風の遺風に触れた人たちにも及んだ。

たとえば、法制学者の渡辺廉吉《れんきち》は、長岡藩家老山本家の家臣の子に生まれ、戊辰戦争の悲惨な体験を経て、苦学の末、法制学者となって近代日本の法制化に尽力した。もともと藩主牧野家の直参の家臣ではない渡辺家が、長岡藩風を守ろうとするには、それなりの理由があった。

兄の豹吉《ひょうきち》が主人の山本帯刀に従って、戊辰戦争に殉じたのである。会津飯寺《にい》の戦いは、慶応四年(一八六八)九月八日のことだったが、丁度、その日は明治と改元された日だった。新政府軍に属する宇都宮藩兵・黒羽藩兵と、長岡藩兵は飯寺で戦った。山本帯刀指揮の長岡藩兵は、濃霧のなか敵を味方と誤認し、同士討ちをさけるため、自ら武器を捨てた。そのため、新政府軍に捕らえられて、翌日斬られることになった。

斬首と決まった帯刀に、従者豹吉はその世話を懇願した。その亡骸を始末させてほしいと頼み込んだのである。

忠孝を第一義とする長岡藩風としては、家臣が主人に殉ずることが当然であった。ところが、豹吉の懇願は、主人の亡骸を始末することが私の務めだというのである。新政府軍兵士は「生命が惜しい従者の懇願」と判断して、一夜、帯刀の側に置くことにした。

夜は更けて寒さが増す。囚われの両者は互いに近づき肌を寄せ合おうとしたといわれている。その際、両手を後ろに縛られた豹吉がケット（毛布）を口でくわえ、主人帯刀の寝ている身にかけたと伝えられている。

九月九日、帯刀は「降伏すれば助けてやる」という新政府軍の申し出を断り斬首された。その亡骸を豹吉は土中に埋めた。

そして、自ら申し出て「今、主人の亡骸を埋め、家臣として忠節を尽くした。今、自ら長岡藩に忠義を尽くそうと思うから、斬首を希望する」といい出したのである。二つの忠を全うしようとする渡辺豹吉の申し出に、ついに宇都宮藩兵は豹吉を斬った。

当時、十四歳の廉吉は兄豹吉の最期を聞いて、国漢学校に学び、大学南校（東京大学の前身の一つ）に入り、ドイツ語を習得する。そして、外務省に入り、オーストリア公使館に勤務する。そのかたわらウィーン大学に通い、法律・政治学を学んだ。

そこに参議の伊藤博文が憲法及び皇室典範制度の視察のためにきた。廉吉は通訳をするとともに政治・法律学の知識を生かして伊藤博文を案内した。もとより、伊藤博文は長州人である。旧長岡藩出身の渡辺廉吉にとって、仇敵であったはずだ。

その伊藤博文に日本は憲法制定をすることが近代国家を確立する法だと教えたという。明治十五年（一八八二）八月のことだった。

帰国すると牧野伸顕《のぶあき》らと憲法起草の大業にとりかかり、大日本帝国憲法の制定に尽力した。賊軍出身の長岡人が、近代日本の形成に貢献した一例である。

のちに渡辺廉吉は地方自治制度の立法立案にも関与し、地方制度の確立をめざした。長岡藩出身者として、地方分権を確立し、自治ができる法整備をすることが、おのれに課せられたテーマと覚ったからだと伝えられている。また、行政裁判所の評定官となり、地方における行政訴訟の解決に尽力した。

そして、最後には貴族院議員に推戴されて人生をしめくくった。その渡辺廉吉は、長岡社の幹事を務め、郷党の育成に努めた。その際、あいさつのなかで必ずいう言葉があった。

「薩長、何するものぞ。我が長岡藩は人を育して、彼らを打ち敗《まか》す」というものである。

特命全権アメリカ大使・斎藤博

また、日米開戦間近の昭和九年(一九三四)に、特命全権アメリカ大使となった斎藤博は、元長岡藩士斎藤祥三郎の三男に生まれた。東京帝国大学を卒えて外務省に入り、主に軍縮問題を担当した。

軍縮こそが平和を守る日本の道であり、世界のなかに日本を生かす最善の手段であると主張した。ワシントン会議・ロンドン会議・ジュネーブ会議を経て、対米戦略を考える日本の立場を代表してアメリカ大使となる。

その間、のちに連合艦隊司令長官となる山本五十六と二人三脚で軍縮問題の処理をすすめた。斎藤は三国同盟より、日米同盟の締結を願っていた。ときの外相の広田弘毅とアメリカ大統領ルーズベルトに説いたが、入れられず、結局外交で

斎藤博

の平和は失敗した。

その斎藤が郷里長岡を訪問したことがあった。斎藤は郷里の英雄として迎え入れられ、長岡藩出身者として節を全うしていると讃えられた。

昭和十二年(一九三七)十二月、いわゆるパーネー号事件が起きる。それは日本海軍の爆撃機が、揚子江上にいたアメリカの軍艦を誤爆して沈没させたという事件である。

斎藤大使は全アメリカ人に対し、ラジオ放送を通じて率直にわびた。プライドにこだわらず、平和主義を貫こうとした一外交官の本当のプライドこそ、長岡藩から受けついできた精神であった。この態度にアメリカ国民は納得し、日米開戦が避けられたといわれる。昭和十四年二月、斎藤博はワシントンで客死する。アメリカ大統領のルーズベルトは、その遺骨を軍艦で横浜港に運んで、その功を讃えた。

連合艦隊司令長官・山本五十六

その遺骨を横浜港に迎えた一人に、当時、海軍次官だった山本五十六がいる。
山本五十六は旧長岡藩士の子に生まれ、日本海軍に入った。郷里の長岡中学校を卒業する際「俺は薩摩の海軍をつぶすために海軍兵学校に入学する」と述べたという。

後年、友人の堅正寺《けんしょうじ》住職の橋本禅巌《ぜんがん》和尚が「山本五十六は長岡藩が三百年かかって創りあげた男」と評価するだけあって、長岡人の典型のような人物であった。

虚偽を排し、実利を重んじた。ユーモアを生活のなかに取り入れ、弱小な者たちに心をくだいた。不可能を克服するため、猛烈な訓練を実施した。その一方で神仏を尊崇し、訓練による犠牲者を悼んだ。

連合艦隊★司令長官となり、太平洋戦争を指導すると、その戦法は定石通りではなかった。急戦法で相手の本拠地を攻撃した。それらの山本五十六の戦法は、今までなかったものだった。それが世界に通用したのだ。伝統や常識、統制を飛び越えた発想が、山本五十六の戦法だったのである。

その戦法の発想の原点が、長岡藩にあったといえる。山本五十六が長岡藩以外で生まれていたら、ああいう発想は生まれなかったといわれる所以である。

山本五十六

▼連合艦隊
二つ以上の艦隊を連合して編制した艦隊。太平洋戦争開始時には、日本の連合艦隊は、第一～第六艦隊、第一・第十一航空艦隊、南遣艦隊からなる連合艦隊が成立していた。

お国自慢　ここにもいた長岡人！

近現代史にその名を残した長岡人物列伝

良寛和尚を天下に知らしめた
貞心尼《ていしんに》（一七九八〜一八七二）

長岡藩士二五石の奥村五兵衛の娘として長岡荒屋敷町（表町一丁目）に生まれる。京都の蓮《れん》月尼《げつに》、加賀の千代女《ちよじょ》と並ぶ幕末三大女流歌人のひとり。非常な美貌で知られた。

小出島の町医者に乞われて結婚するも、読書や作歌に夢中で家業の手伝いもしない。結局離別の運びとなり、出家剃髪して貞心尼と名づけられる。

良寛を敬慕し、法の道、書の道、歌の道の教えを受けてその弟子となった。良寛故き後もその面影を忘れることはなく、相聞歌を『蓮の露』としてまとめ、これによって良寛は世に広く知られることになる。

終生、燃える情熱を胸に抱いた佳人だった。

故郷を思い続けた漂泊の俳人
井上井月《いのうえせいげつ》（一八二二〜一八八七）

信濃で北の小林一茶、南の井上井月と称されたが、本人は故郷長岡を常に忘れることなく思い続けていた。井月の来歴については諸説あるが、木村秋《しゅう》雨《う》氏の説によれば、井月は長岡城下の研師《とぎし》の息子だったらしい。十七歳で故郷を出奔、江戸・奥州・京都・大坂など名所跡を転々と巡遊し、信濃の国に入り、以降三十年間、壮絶な野たれ死にを迎えるその日まで伊那から離れなかった。芭蕉の思想を徹底し、決して働かず、無為自然の生活を貫いた。寂寞たる空間に情感が凝《こご》る井月の句は、人を孤立した存在そのものの世界へと誘う。

何処やらに鶴《たづ》の声きく霞かな（長岡市蒼柴神社碑文）

朦朧とした霞のうちに聞く鶴の声、生命のかすかな身じろぎを思わせる井月臨終の句のひとつである。

明治の出版王
大橋佐平《おおはしさへい》（一八三五〜一九〇一）

長岡城下上田町の油商人の次男として生まれる。地元で北越新聞創刊などの事業を行い、明治十九年（一八八六）に上京。出版社博文館を創立した。各雑誌から著名な論説を集めた「日本大家論集」や次々出版した実利実学の刊行物が当時の時流に乗って大成功をおさめた。その後も取次・東京堂・日本堂の開業、内外通信社の創設、洋紙業、印刷業などで出版関連業界の先頭に立った。生来負けず嫌いな少年気質だったという。

世界一有名な「サムライの娘」
杉本鉞子《すぎもとえつこ》（一八七二〜一九五〇）

古志郡川崎村に稲垣平助の六女として生まれる。結婚のため、明治三十一年（一八九八）に渡米。大正十四年（一九二五）、半生記『A Daughter of the Samurai（邦題・武士の娘）』をニューヨークで出版した。この本は大変な評判を呼び、日本語版を含む計七カ国語に翻訳され、世界に日本文化を紹介した。

官制医学への挑戦
長谷川《はせがわ》泰《やすし》（一八四二～一九一二）

古志郡福井村（長岡市福井町）にて漢方医の子として生まれる。野口英世や吉岡弥生が学んだ済世学舎を明治九年（一八七六）に創設した。日本の近代医学発展に貢献し、官制医学を批判した。「教室で吉原論をぶちあげる」など無頓着で豪放磊落な性格だった。済世学舎は「専門学校令」の狙い撃ちに遭い、明治三十六年（一九〇三）廃校に追い込まれている。

長岡女学校を設立した
星野《ほしの》嘉保子《かほこ》（一八四八～一九〇四）

西蒲原郡船越村（西蒲原郡岩室村）の庄屋の長女として出生。様々の女子教育活動に従事しながら、女子学校設立の必要性を痛感し、明治二十二年（一八八九）に私立長岡女学校を設立した。娼妓になった娘たちの悲惨を長年見てきた星野は、良妻賢母を育てる教育を重視した。家の都合で学費を払えない生徒には誰にもわからぬように立て替えるなど優しい人柄だった。

日本歯学界の先駆者
島峰《しまみね》徹《とおる》（一八七七～一九四五）

元長岡藩医の長男として生まれる。苦学の末、歯学界にゆきついたが、歯学は医学の中では軽視される風潮にあった。歯を食いしばり、不屈の長岡人魂で立ちあがった彼は、独立の医学畑を肥やし耕し、昭和三年（一九二八）には東京医科歯科大学の前身である東京高等歯科医学校の初代校長に就任した。後年は、育英機関「長岡社」で幹事として後進の育成に勤めた。

「喧嘩太郎」の絶大なるカリスマ
武見《たけみ》太郎《たろう》（一九〇四～一九八三）

三島郡関原村（長岡市）の豪農を父として京都にて出生。慶応大学医学部を卒業し、昭和三十二年（一九五七）から医業経営激動の時代に日本医師会の会長を勤めた。政界・官界に強固なコネクションを作り上げ、二十五年間、日本医師会のドンとして君臨した。全マスコミを敵にまわし、「喧嘩太郎」「ラスプーチン」「怪物」などの異名で呼ばれた。良くも悪くも日本における近代医療を社会的経済的に確立させた大人物。

孤高の戦闘的啓蒙家
猪俣《いのまた》津南雄《つなお》（一八九〇～一九四二）

新潟に出生、家業の油問屋が倒産し長岡に移住する。早大政経学科を主席で卒業後、大正四年（一九一五）アメリカ留学。ロシア革命の衝撃に出会い、ボルシェビズム研究に没頭する。帰国後は第一次日本共産党に入党し、激烈な論戦を張って投獄された。農村調査をもとに執筆した『農村問題入門』は日本農業をマルクス経済学の視点から分析した名著。

長岡を拠点に農民運動を指導した
三宅《みやけ》正一《しょういち》（一九〇〇～一九八二）

岐阜恵那郡静波村の村長の息子として生まれる。早稲田大学で学生運動に入り、卒業後は、長岡の地へ赴いて農民運動に熱血を注いだ。大地主の娘との恋愛、親類の反対に頭を抱えた親のすすめで駆け落ちし、これが「赤いロマンス」としてマスコミの話題を呼んだ。後に長岡市議から社会大衆党の衆議院議員となった。演説が得意で聴衆を魅了した。

持ち前の度胸で長岡を工業都市に

木村《きむら》清三郎《せいざぶろう》（一八六九〜一九四一）

呉服町の塩物屋の六男として生まれる。衆議院議員を経て、昭和四年（一九二九）第五代長岡市市長に就任した。北部工場地帯（蔵王・城岡地区）の造成事業を進め、長岡を一大工業都市にした行動力の政治家だった。反対の声の出た火葬場建設に際し、その竣工式で自らの生前葬を企画・運営したというのは、木村清三郎の飄逸なるマキャベリズムをよくあらわす逸話だ。

大戦後の復興を成し遂げた

田村《たむら》文吉《ぶんきち》（一八八六〜一九六三）

長岡神田一ノ町の紙問屋の息子として出生。昭和二十年（一九四五）、戦災で死亡した前市長に代わり臨時市長となり、戦火で焦土と化した長岡の復興に尽力を注ぐ。二年後には参議院議員となり、昭和二十五年（一九五〇）には第四次吉田内閣の郵政大臣兼電通大臣を務めた。英語が大の得意で、学生時代はシェイクスピアのリア王を見事に演じきったという。

日中関係の土台を築いた大政治家

田中《たなか》角栄《かくえい》（一九一八〜一九九三）

昭和二十二年（一九四七）に衆議院議員に初当選後、中央政界でめきめきと頭角をあらわし、三九歳で史上最年少入閣、昭和四七年（一九七二）には日本国首相となり、日中国交回復を果たした。ロッキード事件で有罪判決を受け、政治の表舞台からは姿を消したが、その影響力は多大なものがあった。上越新幹線建設など大戦後の長岡に大きな足跡を遺す。

日本の石油界の祖

山田《やまだ》又七《またしち》（一八五五〜一九一八）

三島郡荒巻村（和島村）にて生まれる。明治二十六年（一八九三）、室田石油会社を創設し、石油を次々掘り当てて、石油界の大物となった。「町のおっさん」風な風貌とウラハラの策士としての面があり、様々な買収工作で室田石油を日本一の石油会社にまで仕立てた。木村清三郎と組んできわどい手口で買収工作を行ったことが当時の新聞に書かれている。大変な酒好きで知られ、病を暴飲で治したとの伝説が残る。

日本石油の二代目社長

橋本《はしもと》圭三郎《けいざぶろう》（一八六五〜一九五九）

長岡藩士橋本弥十郎の長男として生まれる。大正五年（一九一六）に室田石油の社長となり、ニッセキこと日本石油との対等合併をまとめ、大正十五年（一九二六）にはその社長となった。当時はまだ珍しかった外国石油を輸入精製するシステムを整備、官民を越える大役を歴任し、昭和恐慌から第二次大戦末期まで日本激動期のエネルギー環境を支えた。

戦後の製紙業界を朴訥さで護った

中島《なかじま》慶次《けいじ》（一八九四〜一九七三）

長岡町裏四ノ町（長岡市本町四丁目）に生まれる。王子製紙工業に入社、昭和二十年（一九四五）GHQの財閥解体を受けての経営陣の撤退後に、新社長として解体の責任者となった。GHQによる会社の九分割案を退け、粘りに粘って三分割まで持ち込んだ。また戦地引き揚げ者の就業のためにも奔走した。長岡人らしい剛健質朴な個性で、多くの企業人に愛された。

日本近世史学の大家

伊《い》東《とう》多《た》三郎《さぶろう》（一九〇九～一九八四）

古志郡富曽亀村亀貝（現・長岡市亀貝町）で生まれる。東京大学史料編纂所で『大日本近世史料』など多数の研究史料の編纂に務めた。早くから庶民の歴史にも目を向け、総合的な視野と基礎史料重視の研究姿勢で戦後の近世研究をリードし続けた。江戸時代の「幕藩体制」とは氏が広めたコンセプト。

あったてんがの童話世界

水澤謙一《みずさわけんいち》（一九一〇～一九九四）

古志郡栖吉村成願寺（長岡市成願寺町）に村長の子として生まれる。県内各地の民話・昔話を採録して、まとめた。その分布・伝播ルートを明らかにする方法は民俗学としても評価が高く、柳田国男に絶賛され、後には柳田国男賞も受けた。研究者には珍しい楽天的な性格で「つぎはいつ来なさるがね」と訪問相手に慕われた。

主著『越後の民話』（未来社）、『さんまいのおふた―子どものとも傑作集―』（福音館書店）など。

古書店「弘文荘」主人

反町茂雄《そりまちしげお》（一九〇一～一九九一）

古志郡長岡町神田三ノ町（長岡市甘田町三丁目）に米の仲買商の五男として生まれる。東京に古書店「弘文荘」を開く。歴史資料の発掘に力を注ぎ、時に研究者たちを驚かせた。数々の勉強会を主催、また欧米の主要図書館の日本図書コレクションにも貢献している。反町のモットーは「買いは至急、売りは不急」であった。価格をつける作業こそが彼の「創作」だった。

浪人モノを得意とした時代劇スター

近衛《このえ》十四郎《じゅうしろう》（一九一六～一九七七）

長岡市西新町一丁目に生まれる。小学生の頃に見た時代劇映画の俳優へのあこがれを捨てきれず、十四歳で上京し、市川右太衛門プロダクションに研究生として入所した。その後雪国出身の忍耐強さを発揮し、負けず嫌いの根性で演技・殺陣を修得、亜細亜映画、大都映画などで数十本を超える映画に出演した。『柳生忍法帳』シリーズの十兵衛役は特に当たり役として名高い。俳優・松方弘樹、目黒祐樹の父。

純文学一筋の非文壇作家

松岡《まつおか》譲《ゆずる》（一八九一～一九六九）

古志郡石坂村（長岡市）本覚寺の息子として生まれる。芥川龍之介、久米正雄、菊池寛らと同世代に文学活動を開始。漱石の長女筆子と結婚したことが因で、筆子に恋心を抱いていた久米正雄の小説『破船』で悪役にされる。世間の非難を浴びて十年間の沈黙。結果として寡作でマイナーな作家となった。代表作『法城を護る人々』『敦煌物語』など、傑作として評価が高い。

近代文学史を彩る鮮やかな詩才

堀口大學《ほりぐちだいがく》（一八九二～一九八一）

東京・本郷に生まれる。外交官の父が海外赴任するにあたり、長岡の東神田で暮らす。松岡譲とは旧制長岡中学の同級生で、長年の友人だった。十七歳で与謝野鉄幹主宰の新詩社に参加。大正八年（一九一九）に処女詩集『月光とピエロ』を発表、知性と肉感が交錯する詩集を次々に発表した。翻訳でもレーモン、ラディゲ、ジャン・コクトー、ランボオなどフランス文学の紹介に大きく貢献した。

解剖学に先鞭をつけた偉大な教授
小金井《こがねい》良精《よしきよ》（一八五八～一九四四）

長岡藩士の次男として出生。母は小林虎三郎の妹幸《ゆき》。北越戊辰戦争の戦乱で荒れ果てた長岡で少年期を過ごした。十三歳で東京の医学校に学ぶ。ドイツ留学後、二十七歳の若さで東京大学医学部の教授となり、今日では医学生で知らぬ者はいない大権威となった。頭骨の研究から「日本人は先住アイノとの混合」と結論した。後妻は森鷗外の妹喜美子《きみこ》。

「妖怪博士」の異名を持つ東洋大学創立者
井上《いのうえ》円了《えんりょう》（一八五八～一九一九）

幕末安政五年（一八五八）に三島郡浦村で慈光寺の長男として生まれた。当時は仏教人気凋落の世相。円了も「宗教はすでに真理ではない」と大いに悩んだ。しかし、東京大学で「哲学」に出会い、すべてが変わる。勝海舟らの援助を受けながら、哲学館（東洋大学の前身）を創設。人の心の不可思議さを深く追究する妖怪学を構想した。民間の人間であることにこだわり、叙勲を辞退している。

学問の自由を貫いた東京帝大総長
小野塚《おのづか》喜平次《きへいじ》（一八七〇～一九四四）

長岡町上田町で質屋の長男として生まれる。東京帝国大学に在籍中の頃から、伊藤博文や山形有朋らから秘書官や内閣参事官に誘われたが、いずれも断ったという。明治三十四年（一九〇一）、東京帝国大学の教授に任じられ、昭和三年（一九二八）には、同大学総長となった。強い信念を持ち、政府が大学の自治と学問の自由を脅かす際には、公然とこれを非難した。

独学で縄文文化を解明した市井の考古学者
中村《なかむら》孝三郎《こうざぶろう》（一九一〇～一九九四）

三島郡関原村にて出生。火炎式土器の発掘で知られる近藤考古館助手として勤務、昭和二十六年（一九五一）には、当時開館したばかりの長岡科学博物館の考古部長に就任した。以後、栃尾石倉遺跡の発掘調査をはじめ、数え切れないほどの業績をあげた。昭和五十四年に吉川英治文化賞受賞。翌年、勲五等端宝賞を受勲した。生涯、左脚の持病に悩まされたが、不屈の精神力を杖に考古学の道を歩き続けた。

盲聾教育の功労者
小西《こにし》信八《しんぱち》（一八五四～一九三八）

長岡藩医の次男として古志郡高山村（長岡市高島町）に生まれる。明治二十六年（一八九三）、東京盲唖学校の校長に任命される。イギリス・フランス・ドイツに赴き、障害者教育の調査研究を行った。大正十二年（一九二三）の盲学校令・聾唖学校令は小西の力によるという。その後は私立長岡盲唖学校の設立に尽力し、「点字」を採用、その普及に務めた。

数々の大事件を担当した明晰なる検察官
小原《おばら》直《なおし》（一八七七～一九六六）

長岡本町弓町にて生まれる。石高五〇石の貧しい士族の家だった。明治二十五年（一八九二）長岡裁判所検事小原朝忠の養子となる。明治三十七年（一九〇四）十月、判事から検事に転じて千葉に赴任した。海軍の軍艦建造にまつわる汚職事件――シーメンス事件など名だたる事件を担当し、細密にして舌刀切れ味鋭いカミソリ検事として名を馳せた。昭和九年には司法大臣として岡田内閣に入閣している。

互尊文庫の生みの親

野本恭八郎《のもときょうはちろう》（一八五二～一九三六）

刈羽郡横沢村金沢にて庄屋山口家の四男として出生。二十一歳のとき、家産の傾きかけた野本家に養子に入り、立てなおすことになった。城下町商人から近代実業家への脱皮をめざし、国産品を重用するなど輸出入まで視野に入れる経済観を有していた。晩年「互尊独尊」という公共思想を重視し、図書館費用を寄附して、これを「互尊文庫」と名づけた。

長岡の事業家たちを支えた非凡なる凡人

渡辺藤吉《わたなべとうきち》（一八五九～一九四四）

三島郡片貝村（小千谷市片貝町）にて農家の三男として生まれ、十二歳で長岡市表町の呉服商・大清商店の店員となる。主家の繁盛にあずかって財をなし、独立して鉱業、製紙、製菓、鉄道、運輸、新聞、鉄工などあらゆる事業に関わっていく。大橋佐平から持ちかけられた共愛社結成に賛同し、これがやがて長岡商業会議所になった。この初代会頭が渡辺藤吉である。近代長岡の事業全般に調整役として関わっていた。

英語研究社を創立

小酒井五一郎《こさかいごいちろう》（一八八一～一九六二）

長岡町表三ノ町（表町三丁目）にて生まれる。十二歳の時に単身上京し書店に奉公。その後神田神保町の取次で働いた。小酒井が、島崎藤村の自費出版した『破戒』を載せた荷車を小売店まで引いていく際、藤村みずからがその後ろから押した、との逸話が残る。明治四十年（一九〇七）、英語研究社を創立。日本の英語史上に残る多くの書籍、雑誌や辞典を出版した。

実業日本を悠々闊歩した異色の長岡商人

大橋新太郎《おおはししんたろう》（一八六三～一九四四）

博文館を創立した大橋佐平の長男。烈火のごとき性格の父とは対照的に寡黙でおっとりとした性格だった。博文館で版権問題が生じると、部下に命じて曰く「出版界の後進として一切無抵抗主義を取れ」。その性格が好まれ、第一生命や大日本麦酒の役員に乞われて、これを務めた。その肩書きは五十有余。女優中村須磨子を妻に迎えたことで、尾崎紅葉の『金色夜叉』では悪玉にされたが、当人は泰然としたものだった。

岡倉天心と論戦を交わした洋画壇の雄

小山正太郎《こやましょうたろう》（一八五七～一九一六）

長岡藩医小山良運の長男として生まれる。工部美術学校にいち早く入学し油彩画の表現を磨いた。この頃、岡倉天心やフェノロサらによる国粋美術運動がさかんになり、洋画には激しい圧力が加えられるようになった。正太郎はこの抑圧に論陣を張り、よく持ちこたえた。対立は岡倉天心が校長の座を追われるまで続いた。小山は洋画界の代表的な指導者のひとりとなった。

越後の自然と子どもを愛した童画家

川上四郎《かわかみしろう》（一八八九～一九八三）

古志郡上組村摂田屋（長岡市摂田屋）にて生まれる。大正五年（一九一六）にコドモ社に入社し、雑誌「童話」の表紙画や挿絵を描くようになった。川上は湯沢の自然のなかで、温泉に浸かって、酒を酌みつつ画案を練った。生活や精神には重い苦悩の影がつきまとっていたが、その筆致は自然や子どもたちを甘やかな郷愁にくるんで穏やかである。ほのぼのとした童画を一生涯描き続けた。

エピローグ

現在に生きる長岡藩

幕藩体制は崩壊したが、今まで培ってきた藩風は生き残る。

領地の町人・農民や藩士たちの末裔が引き継ぐのである。

「我が長岡藩は、」と挨拶を始める人たちが今も絶えないのは、強烈な自尊独立の気風を懐かしむ気持ちの表れであろう。

幕藩体制は崩壊したが……

幕藩体制の幕を降ろした張本人は、こともあろうに、徳川幕府の頂点にいた十五代将軍徳川慶喜だった。武士の総まとめ役である征夷大将軍の地位を投げ捨てて、ひたすら天皇に恭順する道を選んだ慶喜の所業は、尊皇の大義か、それとも幕府に忠節を尽くそうとした諸侯を捨てたのか。その態度に多くの武士や民衆がとまどった。

明治維新が幕藩体制を崩壊させた。ただ、多くの藩士たちはその潮流が、我が藩を壊滅させるものだなどとは思わなかったに違いない。それは戊辰戦争の際、新政府軍側（朝廷側）についた藩も、また旧幕府軍側（佐幕側）で抗戦した藩の多くも、藩がなくなるなどとは少しも思わなかった。それは戦争に敗れた各藩が再興運動を起こし、何らかのかたちで再生・存続したことでもわかる。それはまた結果的には幕藩体制に幕を降ろした徳川慶喜でさえ、露ほども思わなかった事態だった。

長岡藩も旧地に於いて、二万四千石で再興し、藩主に新しく十三代牧野忠毅をたてることで、明治新政府が承認している。かの激しい抵抗をして壊滅的な被災をした会津藩でさえ陸奥の斗南三万石で再興された。明治以後も、日本国中に散在していた藩は存続するかにみえた。

戊辰戦争に勝利した薩摩藩などは、いっそう独立主権をもつ王国を築きあげようとしていた。

長岡藩も明治元年(一八六八)十二月、再興を許されてから、以前のままとはいわないまでも独自な長岡藩政の展開を再開しようと努力していた。そのあらわれが、教育第一主義の米百俵の人材教育であった。敗戦の反省から、人材の育成が復興の原動力となり、経世を立ち直らせるというものであった。

藩が消えても、藩風は残った

ところが、徳川政権の転覆を成就させた明治新政府の若きリーダーは、しばらくすると徹底的な新秩序の構築を企てて、廃藩置県を明治四年七月に断行した。西郷隆盛でさえ、息をのみ苦渋にみちながら、薩摩藩の国父である島津久光を説得したと伝えられる。その結果、新しい日本という中央集権国家が生まれるが、藩風とか仕法《しほう》が一夜にして変貌することにはならなかった。むしろ、新政府の施策に対し地下で抵抗運動をして生き続けようとした。

長岡藩の場合も、賊軍というレッテルをはられながらも、プライドだけは維持しようとし、かえって長岡藩風を懐かしむ気風が生まれた。それは明治七、八年頃から、官軍となって戊辰戦争を戦った旧西南諸藩の抵抗運動と同調するかのような気配をみせた。しかし、その同調は武士の復権に似たものであり、かつての薩長への敵愾心だけはいっそう高まった。いわゆる反薩長運動である。

それは薩摩（鹿児島）・長州（山口）閥には徹底的に反抗しようとする運動であるが、旧長岡藩士族たちがとった行動は、警察吏員や監獄の看守への就職、果ては西南戦争への従軍というかたちになってあらわれた。明治新制度のなかで旧独立公国の薩長閥に対抗したものである。そこには人びとに藩意識が生きていた。

むしろ、長岡藩を懐かしく追念したのである。新制度によって藩組織が否定されても、むしろ、民衆は藩を肯定し、今でも「お国自慢」を語ろうとする。

身分制度の弊害、通行の不自由、教育の不均衡、圧制的な税負担、それに非道な武士道など、どれをとっても封建の悪業は数え切れないものがある。封建社会、つまり幕藩体制の終末は喜ぶべきものであり、人間解放であり、近代の曙であるはずだったといえる。

ところが、明治時代の当初から、長岡地方には幕藩時代を懐かしむ気風が生まれる。旧長岡藩では旧城址の公園化や、しきりに旧城下のおもかげを追想する画などが描かれ、民衆に膾炙してゆく。たとえば明治九年に描かれた小川当知の『長岡城の面影』や『旧長岡城下年中歳記』などが人びとにもてはやされた。

長岡の人びとは旧長岡藩政を非難せず、懐かしむ姿勢をとる。それはなぜかと思うことがある。

西南戦争従軍者による義士会は、旧長岡藩の復権に多くの力を発揮した。戊辰戦争の戦死者の追悼会をたびたび催し、郷土意識を高めた。その郷土意識の土台となったのは、旧長岡藩のおもかげであったのである。

それはまた、郷土の子どもたちに影響を与え、人材輩出の機縁を創るのである。

江戸時代、藩は幕府に臣従しながらも、独立した公国であった。独自の財政・民政、そして文化があった。小さいながらも独立独歩が藩の主体性を維持していた。

それは江戸時代の二百六十年間、各藩が自浄努力をしてきた藩組織の維持にほかならなかった。幕末、その組織は貨幣経済によって破綻してゆく。また、国学思想から興ってきた日本という新国家構想によって、藩思想が揺らぐが、各藩が培ってきた美風・美徳が民衆の心に残った。

それが藩風という個性となっていった。その個性に育てられ、温存されてきた人材が、近代日本が創成されると、次々に中央に躍り出て活躍するのである。だから人は、誰々は何々藩出身だとか、どこどこが郷国だとか区別して、その出身地を表示した。

違う個性の集合は、近代日本を動かす国力の推進につながった。それは敗れたとはいえ、会津・長岡・盛岡等の諸藩出身の人材を、新政府に登用することが、近代日本の力になることを、ときの当局者が肌で感じたものであったに違いないと考えられる。政治分野に限らず、各界や各団体にもその傾向が及んだ。各々の近代組織に藩閥が生まれ競い合う。ときには醜い権力闘争になったが、一方では、国力の増強となった。近代日本が掲げたスローガンのひとつ「富国強兵」に、かつての藩が大きな貢献をしていたのである。

その結果、近代日本の人びとに、藩出身意識が強く残った。それがまた、近代日本に有用な人物の輩出につながったのである。

また、明治政府は地方官制の整備を急ぎ、地方を中央でコントロールしようと画策した。それも、また、一方では地方分権を認め、かつての地域の個性である藩風等の維持につながった。各地にまず、鎮台ができ、そして歩兵連隊が整備されてゆくと、その連隊は郷土部隊と呼ばれ、郷土の美風を受けつぐ軍隊となった。その郷土部隊がそれぞれの個性を発揮することにより、強兵に育っていったのである。かくも、近代日本は、江戸時代の三百諸侯の藩風や郷土色によって「富国強兵」を成し遂げていったのである。

長岡が創った男、遺した言葉

友人の橋本禅巌和尚に言わせれば、山本五十六は、「長岡藩が三百年かけて創りあげた男」という。その性剛健にして、ものごとの損得を事前にはっきりと見分ける鋭敏な嗅覚。一年の半分を重苦しい曇天と積雪に挟まれて暮らす長岡人、その鬱屈から湧き出る厖大なエネルギーをひっくるめて固めたような男である。

山本五十六は明治十七年（一八八四）、長岡本町玉蔵院町（長岡市東坂之上三丁目）で旧藩士高野家の六男として誕生した。幕末の青年家老山本帯刀の家督を継いで、山本姓を名乗るようになった。青年になると海軍に入り、それからは軍人としての生涯を駆け抜けた。

アメリカの国情を知り尽くしていた五十六は、対米英戦争に反対していた。時流の趨勢を正確に知りながら、逆らえぬ流れによって巨大な戦争に巻き込まれていく様は、あたかも、西軍との戦いを余儀なくされた幕末の河井継之助を見るようではある。

彼は奇襲を負けぬ戦の道として、真珠湾攻撃からミッドウェイ海戦に至る連続攻勢作戦を立てた。しかし、この作戦は敗れ、昭和十八年（一九四三）四月、山本五十六は機上に散る——。

●

その山本五十六の言葉に「男の修行」というのがある。

「苦しいこともあるだろう。言いたいこともあるだろう。不満なこともあるだろう。腹の立つこともあるだろう。これらをじっと、こらえてゆくのが男の修行である」

連合艦隊司令官の山本五十六は、日本海軍のすさまじい訓練のなかで兵たちが苦しむ姿を見て、この言葉を書いた。

山本五十六には、妙な癖があった。人の道を説く「道歌」のようなものを探して身近に書き留めておく。たとえば、

「殺しても罪にはならぬ腹の虫」

「怜悧なる頭には閉じたる口にあり」

「中才は肩書によって現れ、大才は肩書を邪魔にし、小才は肩書を汚す」

長男の山本義正さんが言うには、まず自分自身の鍛錬のために書き記した言葉だったのだという。山本五十六の生き方、考え方を資料で見ていると、ひとりの人間として、大地にどっかと根をおろし、天下を睥睨している雰囲気を感じる。そうして、一見は無頓着なようで、その実、他人には心ゆくまで細やかに気を使う。

彼の原点には、自己を鍛え、みずからの心を強くすることで、他人にやさしさをむける姿勢があったのだろう。それが山本五十六の人生哲学だったのだと思う。

しかつめつらの歴史は案外こういうことを忘れている。あの偉大な山本五十六が、品格もない道歌のようなものを書くはずもない。そう決めかかって真偽さえ話題にしない研究者もいる。山本五十六の伝記を書いても「男の修行」をとりあげる作家はいない。

そもそもこの「男の修行」は、艦隊勤務の激しい訓練で脱落しそうになる水兵のために、山本五十六が書いてやったものだという。もらった水兵はそれをトイレの壁に貼って、歯を食いしばって泣いた。別の兵士がそれを書き写して、ハンモックのなかで就寝前にじっと眺めた。

現代も同じである。

会社や学校に入り、自分を見つめる。

そこには、いかにも小さな自分がいる。

それでも、みずからを奮い立たせ、今この瞬間を鍛錬の場とすればいつか花は咲くものである。

野球選手の清原和博は、巨人軍入団後は思うように成績が振るわず、週刊誌でも叩かれて、不調のただなかにあった。そのとき、彼が心の支えにしたのが、この「男の修行」の一節だったらしい。じっとこらえにこらえて、清原はついにプロ野球選手史上三十一人目の二千本安打の記録を達成した。

五十六の言葉は時代も空間も文脈をも超えて、彼方から人の心身を蘇らせたのだ。

あとがき

日本人が何々藩と称するようになったのは、明治新政府が徳川慶喜前将軍・会津藩主松平容保公などを追討するために、全国各諸侯の軍事力を味方にしようとし、府・藩・県の三治の制をとったことに始まる。府県制という近代中央集権国家構想を抱きながら、都合のよい諸侯の体制を封建時代のまま容認しようとするこの制度には、明治新政府の陰謀があったといってもよいだろう。

ときに慶応四年(一八六八)閏四月のことであり、明治新政府の直轄領になった以外の各諸侯は、何々藩と称することになった。つまり、江戸幕府の諸侯は、明治になってから突然、何々藩と名乗ったわけである。この藩名は明治四年七月の廃藩置県で消滅した。藩名は三年数カ月の運命でしかなかったが、人びとに強烈な印象を与えた。それから、近代日本にいろんな人物が輩出するようになると、人びとは「あれは何々藩だ。これは何々藩出身者だ」と区別した。藩の個性が近代日本を形づくっていったといってもよいだろう。

現代書館の菊地泰博社長は、そういう視点で、全国各藩の原点を探れば、おのずと近代日本国家像というものが見えてくると考えたらしい。それは過去のことではなく、未来の日本にも影響するのではないか、むしろ、現代の日本人が藩というものをもう一度、見直す機会が必要ではないかと考えたらしい。そこで現代書館は「シリーズ藩物語」を企画した。

その最初に何故に越後長岡藩が選ばれたかは知らない。全国三百諸侯のうち、第七十二位くらいを上下していた長岡藩は、石高七万四千余石の小藩である。

ただ、河井継之助のような幕末の風雲児を輩出し、米百俵の精神を生み、太平洋戦争時の山本五十六を長岡藩は送り出した。特に幕末の長岡藩は明治新政府に逆らい敗れている。ところが敗れても、なお長岡藩のプライドを維持しようとしたところが、選ばれた理由かもしれない。

菊地氏には、長岡藩とは何か、どこに個性があり、その由来はどうか。現代まで生き続けている藩風はあるのかと問い詰められた。そのたびに浅学非才で、しかも郷土の歴史を分析できない自分を嘆いた。自分に何ができるのか自問をしながら、菊地氏の意図をくもうと苦闘した。従来、戊辰戦争史がテーマの自分に長岡藩の解明は無理だと思いながらの叙述だったが、菊地泰博氏に新しい眼を開かせてもらったと感謝している。

また、素晴らしい装丁をしていただいた中山銀士氏とそのスタッフのみなさん、読み易い楽しい本に仕上げていただいた愛沢匡氏と森さやかさんに御礼を言いたい。

郷土長岡だけでなく全国の多くの人たちに長岡人の長岡藩風を思う心を知っていただければ望外の喜びである。

参考文献

今泉省三『長岡の歴史』第一巻～第六巻（野島出版、昭和四十三年～四十七年）
蒲原拓三・坂本辰之助『長岡藩史話・牧野家家史』〈復刻〉（歴史図書社、昭和五十五年）
長岡市編『ふるさと長岡のあゆみ』（長岡市、昭和六十三年）
長岡市編『長岡市史通史編』上巻（長岡市、平成八年）
長岡市編『ふるさと長岡の人びと』（長岡市、平成十年）

協力者

蒼柴神社（長岡市悠久町）
新潟県立長岡高等学校同窓会（長岡市学校町三丁目）
塚越堅（長岡市中潟町）
慈眼寺（小千谷市船岡）
牧野忠昌（神奈川県逗子市）
安禅寺（長岡市西蔵王）
長岡市役所広報課
長岡市立中央図書館
普済寺（長岡市栖吉町）

稲川明雄（いながわ・あきお）
昭和十九（一九四四）年新潟県長岡市生まれ。
長岡市立互尊文庫司書・長岡市史編さん室長・長岡市立中央図書館長・長岡市文書資料室を経て、現在河井継之助記念館長。
著書に『長岡城落日の涙』『河井継之助―立身は孝の終りと申し候』『互尊翁』他。

シリーズ藩物語 **長岡藩**

二〇〇四年八月十五日　第一版第一刷発行
二〇一三年七月十五日　第一版第四刷発行

著者―――稲川明雄
発行所―――株式会社 現代書館
東京都千代田区飯田橋三―二―五　郵便番号 102―0072
電話 03―3221―1321　FAX 03―3262―5906　振替 00120―3―83725
発行者―――菊地泰博
組版―――エディマン
装丁―――中山銀士＋杉山健慈＋佐藤睦美
印刷―――平河工業社（本文）東光印刷所（カバー、表紙、見返し、帯）
製本―――越後堂製本
編集協力―――愛沢匡＋森さやか
校正協力―――岩田純子

 ISBN4-7684-7101-3

江戸末期の各藩

松前、**八戸**、七戸、黒石、**弘前**、**盛岡**、**一関**、**秋田**、亀田、本荘、秋田新田、仙台、松山、**新庄**、**庄内**、天童、長瀞、**山形**、上山、**米沢**、米沢新田、相馬、福島、**二本松**、**三春**、**会津**、**守山**、棚倉、平、湯長谷、泉、**村上**、黒川、三日市、**新発田**、村松、三根山、与板、**長岡**、椎谷、**高田**、糸魚川、松岡、笠間、宍戸、**水戸**、下館、結城、**古河**、下妻、府中、土浦、麻生、谷田部、牛久、大田原、黒羽、烏山、喜連川、**宇都宮・高徳**、**壬生**、吹上、**足利**、佐野、関宿、高岡、佐倉、小見川、多古、一宮、**生実**、鶴牧、久留里、大多喜、請西、飯野、佐貫、勝山、館山、岩槻、忍、岡部、**川越**、沼田、前橋、**伊勢崎**、館林、高崎、吉井、小幡、安中、七日市、飯山、須坂、**松代**、**上田**、**小諸**、岩村田、田野口、**松本**、諏訪、**高遠**、飯田、金沢、荻野山中、**小田原**、**沼津**、小島、田中、掛川、**相良**、横須賀、浜松、富山、加賀、**大聖寺**、郡上、高富、苗木、岩村、加納、大垣、高須、今尾、犬山、挙母、**岡崎**、西大平、西尾、**三河吉田**、**田原**、大垣新田、尾張、**刈谷**、西端、長島、**桑名**、神戸、菰野、亀山、津、久居、鳥羽、宮川、彦根、大溝、山上、西大路、三上、膳所、水口、丸岡、勝山、大野、**福井**、鯖江、**敦賀**、小浜、**淀**、新宮、田辺、紀州、峯山、宮津、田辺、綾部、山家、園部、亀山、福知山、柳生、柳本、芝村、郡山、小泉、櫛羅、高取、高槻、麻田、丹南、狭山、岸和田、伯太、豊岡、出石、柏原、篠山、尼崎、三田、三草、明石、小野、姫路、林田、安志、龍野、山崎、三日月、赤穂、鳥取、若桜、鹿野、**津山**、勝山、新見、岡山、庭瀬、足守、**岡田**、岡山新田、浅尾、備中松山、**鴨方**、**福山**、**広島**、広島新田、高松、丸亀、多度津、西条、小松、今治、松山、**大洲・新谷**、**伊予吉田**、**宇和島**、徳島、**土佐**、土佐新田、**松江**、広瀬、母里、浜田、津和野、岩国、徳山、長州、長府、清末、小倉、小倉新田、**福岡**、**秋月**、**久留米**、柳河、**三池**、蓮池、唐津、**佐賀**、**小城**、鹿島、大村、島原、平戸、平戸新田、**中津**、杵築、日出、**府内**、臼杵、**佐伯**、森、**岡**、熊本、熊本新田、宇土、人吉、延岡、高鍋、佐土原、飫肥、薩摩、対馬、五島（各藩名は版籍奉還時を基準とし、藩主家名ではなく、地名で統一した）　★太字は既刊

シリーズ藩物語・別巻『白河藩』（植村美洋著、一六〇〇円＋税）
シリーズ藩物語・別冊『それぞれの戊辰戦争』（佐藤竜一著、一六〇〇円＋税）

江戸末期の各藩
（数字は万石。万石以下は四捨五入）